AI와 감시 자본주의

인공지능총서

인공지능 시대입니다. 기계가 인간의 인지를 대신하고, 사물이 인간을 통하지 않고 다른 사물과 직접 커뮤니케이션합니다. 이에 따른 인간 삶과 문명 변화를 정확히 이해·예측·대응하는 것은 이 시대 우리 모두의 과제입니다. 인공지능총서는 인공지능 기술과 환경의 여러 주제를 10가지 키워드로 정리합니다. 관련 개념과 이론, 학계와 산업계의 쟁점, 우리 일상의 변화를 다룹니다. 인간과 기술의 현재, 미래를 세심히 분석합니다.

일러두기

- 인명, 작품명, 저서명, 개념어 등은 한글과 함께 괄호 안에 해당 국가의 원어를 병기했습니다.
- 외래어 표기는 현행 어문규정의 외래어표기법을 따랐습니다.

처음이세요?

전문가세요?

AI와 감시 자본주의

김상현

대한민국, 서울, 커뮤니케이션북스, 2025

AI와 감시 자본주의

지은이 김상현
펴낸이 박영률

초판 1쇄 펴낸날 2025년 8월 22일

커뮤니케이션북스(주)
출판 등록 2007년 8월 17일 제313-2007-000166호
02880 서울시 성북구 성북로 5-11
전화(02) 7474 001, 팩스(02) 736 5047
commbooks@commbooks.com
www.commbooks.com

ISBN 979-11-430-0583-0 03500

책값은 뒤표지에 표시되어 있습니다.

차례

눈에 보이지 않는 AI 감시 시스템의 그물

지난 몇 년 사이 인공지능(AI, Artificial Intelligence) 기술이 우리 일상 속으로 깊숙이 들어왔다. 특히 2022년 혜성같이 등장한 생성형 AI 서비스인 챗지피티(ChatGPT)는 AI 기술을 활용한 챗봇의 급속한 대중화를 불러왔고, 그것이 생성하는 결과물이 일반 사람의 말이나 사고와 선뜻 분별하기 어려울 만큼 정교하다고 여겨지면서, 사람의 지능과 엇비슷하거나 심지어 그보다 더 뛰어난 '인공일반지능(AGI, Artificial General Intelligence)'의 실현이 멀지 않았다는 주장까지 제기됐다. 챗지피티의 개발사인 오픈AI(OpenAI)를 비롯해 구글(Google), 메타(Meta), 아마존(Amazon), 엑스[X, 구 트위터(Twitter)], 앤트로픽(Anthropic), 마이크로소프트(Microsoft) 등의 빅 테크는 물론 수많은 AI 개발사들이 천문학적 규모의 투자금을 유치하며 더 뛰어나고 정교한 AI 기술을 개발하려 치열한 경쟁을 벌이고 있다. 그러한 경쟁은 국경을 넘어 국가 간, 혹은 경제 블록 간 경쟁으로 확대되는 추세다. 그중에서도 미국, 중국, 유럽연합(EU)은 AI 기술 개발에서 앞서가기 위해 막대한 자본과 인력을 쏟아붓고 있다.

AI 감시 시스템

그러나 다른 한편, AI와 머신 러닝, 딥 러닝 같은 관련 기술이 개인의 프라이버시, 인권 등에 미칠 수 있는 부정적 영향이나 잠재적 위험에 대해서는 너무 가볍게 여기거나 심지어 등한시하는 흐름이 지배하고 있다는 비판도 제기된다. 특히 미국의 경우 제2기 트럼프 행정부가 들어서면서 AI 기술을 국가 안보와 직결되는 전략적 기술로 규정하고 그에 대한 규제를 억제하는 한편, AI 기술에 필수적인 핵심 칩의 해외 수출, 특히 중국에 대한 공급을 막고 있다. 그와 더불어 일론 머스크(Elon Musk)가 이끌었던 도지(DOGE, 정부효율부) 팀은 그동안 목적과 용도에 따라 엄격히 분리되어 보호되고 관리돼 온 각 부처의 민감한 개인 정보를 무차별 수집해 민간 기업들에 넘기고 있다는 의혹을 받았다. 그 과정에서 도지 팀은 AI 프로그램인 그록(Grok)의 데이터 분석 사용을 확대했으며, 이는 이해 상충 법규를 위반하고 수백만 미국인의 민감한 정보에 위험을 초래하게 될 것이라는 우려를 낳았다. 그록은 머스크가 2023년 자신의 소셜 미디어 플랫폼

X에서 시작한 기술 회사인 xAI에 의해 개발되었다. 도지 팀은 생성형 AI 도구에 어떤 특정 데이터를 입력했는지, 또는 맞춤형 시스템을 어떻게 설정했는지 확인해 주지 않았다. 만약 그 데이터가 민감하거나 기밀로 분류된 정보였다면, 이는 보안 및 개인 정보 보호 법규를 위반한 사안이지만 그를 확인할 수 없고, 그런 작업 자체가 트럼프 행정부의 승인과 비호 아래 진행됐기 때문에 그 실체를 파악하기까지는 오랜 시간이 걸릴 것으로 보인다.

도지 팀의 사례는 AI 기술을 더한 감시 시스템에 대한 사람들의 우려를 더욱 부추긴다. 어쩌면 더욱 밀도 높고 강도 높은 감시 시스템은 이미 현실 깊숙이에서 진행되고 있는지도 모른다. 그런 저간의 흐름을 감안하면 AI와 감시의 상관관계, 그로 인한 정치적, 사회적, 경제적, 문화적 차원의 여러 가능성과 위험성, 그리고 향후 전망을 짚어 보는 일은 더욱 각별한 의미를 지닐 것으로 보인다.

저명한 사회학자 지그문트 바우만(Zygmunt Bauman, 1925~2017)과 여러 학자들은 '감시'를 현대성(modernity)의 핵심 특성으로 꼽았다. 그리고 감시의 밀도가 더욱 높아지고 유기적으로 발전하면서 '유동하는 감시(liquid surveillance)'라고 불러야 마땅할 지경이 되었다고 지적해 왔다. 그가 그런 분석과 통찰을 내놓은 것은 지금으로부터 10년도 더 넘은 2013년이었다. 바우만이 이미 '유동하는' 수준에 이르렀다고 진단한 감시 사회가, 그 이후 폭발적으로, 그리고 지속적으로 발전하고 확산한 인공지능과 머신 러닝 기술로 인해 얼마나 더 도저하고 밀도 높은 상태로 변모했을지는 미처 상상하기 어렵다.

이 책은 근래 들어 급속하게 적용되고 전파되는 여러 AI 기술이, 이미 사회적으로 널리 뿌리내린 감시 기제와 행태에 어떤 영향을 미치는지 살펴본다. 이는 큰 줄기로 구분하면 (1) 정부가 첩보 활동과 치안, 국가 안보의 이름으로 주도하는 기존의 감시 수단과 활동, (2) 도심 곳곳, 건물 주변과 내부, 사무실에 설치된 폐쇄 회로 카메라(CCTV)나 감시 카메라는 물론, 소셜 미디어 같은 온라인 채널과, 마케팅, 개인 데이터 수집을 포함하는 민간 기업들의 방대한 감시망, (3) 틱톡(Tiktok), 인스타그램(Instagram), 페이스북(Facebook), 엑스(X) 같은 소셜 미디어에 비디오, 이미지, 텍스트 등을 자발적으로 올리는 '역감시', 혹은 '아래로부터의 감시'(sousveillance)라고 불리는 개인들의 데이터 공유로 정리할 수 있다.

각 부문은 다시 주목할 만한 세부적 내용들을 포함할 수 있다. 이를테면 방대한 데이터와 AI 알고리듬을 조합하고 분석해 범죄를 예방한다는 개념의 '스마트 치안', 혹은 '예측 치안(predictive policing)'은 정부 주도의 감시 프로젝트 중 하나로 넣을 수 있다. 그런가 하면 방대하게 수집한 데이터와 AI 알고리듬을 기반으로 각 개인의 정밀한 프로필을 구축하고 그를 이용해 같은 서비스나 제품임에도 개인마다 다른 가격을 책정하거나, 직장에서 비슷한 직무와 직급에도 불구하고 다른 임금 수준을 제시하는 '감시 기반의 가격 책정' 프로젝트는 압도적으로 민간 기업 부문에서 벌어지는 사안이다. 직원을 채용할 때 소셜 미디어와 온라인의 다른 데이터를 수집해 AI 알고리듬으로 분석해 적합성을 평가하고, 채용한 뒤에도 직원의 근무 행태와 업무 성과를 기록하고 추적하고 평가하는 과정도 주로 민간 기업에서 활발하게 진행되고 있다. 한편 의료 분야의 AI와 머신 러닝 활용은 정부와 민간 양쪽에 모두 해당할 수 있다.

책의 구성

이 책은 다음과 같이 구성되어 있다. 1장은 AI와 머신 러닝 기술로 감시 시스템이 한층 더 정교해질 경우 어떤 긍정적 효과와 부정적 효과가 예상되는지에 대해 시나리오 형태로 전개한다. '감시'라는 단어는 기본적으로 부정적 이미지를 먼저 떠올리게 하지만 반드시 그런 것만은 아니고 구체적인 목적과 의도, 맥락에 따라 사회 전체의 복지를 개선하는 등의 긍정적 효과를 낳을 수도 있다. 2장은 AI 감시를 구성하는 주요 기술들을 소개하고, 그런 기술이 제대로 적용되고 실행될 수 있도록 뒷받침하는 인프라는 어떤 것인지 설명한다. 얼굴 인식 기술, 예측 치안 알고리듬, 사회적 신용 시스템 등은 AI 감시의 주요 형태이며, 클라우드 컴퓨팅, 고속 네트워크 인프라, 대용량 데이터 저장 시스템 등은 AI 기술이 전개되는 데 필수적으로 요구되는 인프라다. 3장은 국가와 정부 차원의 AI 감시 동향을 소개한다. 그 내용의 주요 바탕은 카네기 국제평화재단에서 2019년에 발표한 《AI 감시의 글로벌 확장》이라는 연구 보고서인데, 여러 해가 지났지만 전체적인 기조와 흐름, 핵심 메시지는 여전히 유효하다고 평가된다. 4장은 감시 기반의 가격 및 임금 책정이라는 새 흐름으로, 데이터 수집 규모가 늘고 AI 알고리듬과 컴퓨터 처리 속도가 크게 개선되면서 개인 차원의 가격 차별화, 임금 차별화가 가능해진 디스토피아적 상황을 소개한다. 5장은 직장 안팎에서 벌어지는 직원 감시 기제와 흐름을 짚는다. 특히 코로나바이러스 대유행 동안 원격 재택근무와 하이브리드 업무가 늘면서 직원의 업무 생산성을 평가하는 것은 물론 소셜 미디어 이용과 같은 온라인 활동 등에 대한 추적과 감시도 더 치밀해졌다. 6장은 역감시, 혹은 아래로부터의 감시에 관한 내용이다. 현대 디지털 사회에서는 정부의 감시 카메라만 감시하는 것이 아니다. 그에 못지않게, 어쩌면 더 많은 감시의 영역은 스마트폰과 디지털 기기를 수족처럼 사용하는 개인 이용자의 적극적이고 일상적인 데이터 공급에 있는지도 모른다. 7장은 스마트 치안, 혹은 예측 치안을 다룬다. 방대한 데이터, 얼굴 인식 기술, 사방에 널린 감시 카메라의 네트워크가 결합해 경찰이나 법 집행 기관이 범행이 벌어지기 이전에 이를 예방한다는 개념이다. 8장은 의료 부문, 그중에서도 공중 보건 분야의 감시를 짚는다. AI 기술을 더한 전방위적 질병 감시와 모니터링이 제2의 코로나바이러스 대유행을 막는 데 기여할 것으로 기대를 모은다. 이에 따라 세계적으로 진행되는 공중 보건 분야의 AI 감시 노력을 소개한다. 9장은 폭발적으로 성장하고 발전하는 AI 기술이 투명성과 책임성, 윤리성, 안전성을 보장할 수 있도록 견제하기 위한 주요 법규와 정책을 다룬다. 마지막 10장은 도저한 AI 감시 시대에 나의 프라이버시와 자율성, 인권을 지키면서 현명하게 AI 도구들을 활용할 수 있는 방안을 고민한다.

참고문헌

Bauman, Z. & Lyon, D.(2013). *Liquid surveillance.* Polity.

Taylor, M. & Ulmer, A.(2025.5.23). Exclusive: Musk's DOGE expanding his Grok AI in US government, raising conflict concerns. Reuters. https://www.reuters.com/sustainability/boards-policy-regulation/musks-doge-expanding-his-grok-ai-us-government-raising-conflict-concerns-2025-05-23/

01
AI 감시 시스템의 빛과 그늘

감시는 범죄 예방이나 다른 특정 목적을 위해 어떤 사람, 특정한 그룹이나 장소에 관한 정보를 수집하기 위한 목적의 근접 관찰, 혹은 그런 방법을 가리킨다. 그 때문에 '감시'라는 단어는 종종 부정적이고 위험하며 인권을 침해한다는 인상을 준다. 그러나 실상 감시는 부정적인 성격 못지않게 긍정적이고 생산적인 영향을 미치기도 한다. 일종의 시나리오 형식을 빌려 감시 시스템의 빛과 그늘을 조명해 보는 것은 '감시'의 양면적 성격을 균형 잡힌 시각으로 바라보는 데 도움이 될 수 있다.

AI와 1인 창업?

현대의 감시 시스템

우리가 하는 모든 일은 기술에 의해 추적되고 기록된다. 우리의 위치는 늘 휴대하는 스마트폰의 서비스 회사에 의해 파악되고, 우리가 누구와 언제 소통했는지도 지속적으로 추적되고 감시된다. 어디에서 무엇에 돈을 썼는지 은행은 빠짐없이 기록한다. 사방 곳곳에 설치된 감시 카메라는 우리가 무엇을 하는지 누구와 어울리는지 관찰한다. 소셜 미디어에 올린 글이나 이미지, 비디오는 소셜 미디어 회사는 물론 그와 연계된 수많은 기업에 의해 기록되고 추적되고 분석되어 개별 사용자의 상세한 프로필을 구축하고, 이용자의 관심을 끌 만한 광고나 메시지를 표시하는 근거로 이용된다. 심지어 우리의 건강 상태도 GPS 시계나 스포츠 시계로 기록되고 추적된다. 모든 것을 추적하고 등록하는 기술은 꾸준히 향상하며, 5G 기술과 사물인터넷(IoT, Internet of Things)은 그런 향상의 폭을 더욱 넓힌다.

우리는 지금 도저한 감시 사회에 살고 있다. 다만 감시의 밀도와 깊이와 범위를 제대로 인식하지 못할 뿐이다. 스마트폰과 소셜 미디어가 일상의 일부로 자리 잡으면서 우리는 그것이 감시 활동의 중요한 수단이라는 사실을 잊어버리곤 한다. 일상에서 진행되는 감시 행태에 깊숙이 침윤되어 스마트폰을 들여다보거나 터치할 때마다, 소셜 미디어를 사용할 때마다 나에 대한 데이터가 공유되고 기록되고 추적된다는 사실을 미처 자각하지 못한다. 많은 사람들은 이미 다층적이고 다채로운 감시 행태를 일상의 일부로 여기며, 어디에나 존재하는(ubiquitous) 감시가 우리에게 미치는 부정적 영향에 주목하기보다는 도리어 우리의 생활을 더 쉽고 안전하게 만들어 준다고 믿는 편이다.

현대의 감시 시스템은 그 용도와 목적에 따라 다를 수 있지만 가장 치밀한 유형은 AI와 머신 러닝 기술, 얼굴 인식 소프트웨어, 그리고 대규모 데이터가 조합된 형태다. 많은 민주주의 체제 나라들은 공공장소에서 감시 카메라를 사용하더라도 얼굴 인식 기술은 적용하지 않는다. 자칫 심각한 프라이버시 침해 논란을 야기할 수 있기 때문이다. 하지만 국가 안보나 민감한 기밀 정보가 개입된 법 집행 목적의 감시에서는 암암리에 사용되는 것으로 알려져 있다. AI 기술을 적용한 감시 시스템은 보안 카메라나 CCTV를 통해 얻은 비디오와 오디오를 AI 알고리듬으로 분석해 사람, 물체, 사건 등으로 인식한다. AI 감시 시스템의 작동 방식은 대체로 다음과 같이 구분할 수 있다.

- 실시간 분석: AI 알고리듬은 비디오 영상을 실시간으로 분석해 잠재적 위협이나 수상한 상황을 감지한다.
- 패턴 인식: AI는 정상 패턴을 판별하고 비정상 패턴을 인식하는 방법을 학습해 비상 사태가 발생할 경우 경보를 전한다.
- 사물 인식: AI는 인간, 차량, 동물, 그리고 다른 사물을 분별하는 법을 학습하고 그 정확도를 향상해 오보나 오판, 허위 식별 확률을 낮춘다.
- 자동화된 대응: AI 시스템은 위협과 위험을 탐지해 보안 담당자에게 통보하거나 특정 행위/대응/반응을 자동으로 수행한다.

이러한 시스템은 한편으로는 공공 안전 강화, 범죄 예방 및 수사, 시설 보안 강화 등 긍정적인 측면이 있지만, 다른 한편으로는 개인의 사생활 침해, 데이터 오용, 알고리듬 편향으로 인한 차별, 감시 사회화에 따른 표현과 집회의 자유 억압 등 윤리적, 사회적으로 부정적 영향을 미칠 수 있다는 비판도 받는다. 감시 시스템을 구축하고 운영하는 과정에 적절한 안전 대책, 윤리적 가이드라인, 시스템 운영의 투명성 등을 보장하는 제도적 장치를 마련하는 일은 따라서 매우 중요하다.

감시(surveillance)의 전형적 의미는 범죄 예방이나 다른 특정 목적을 위해 어떤 사람, 특정한 그룹이나 장소에 관한 정보를 수집하려는 목적의 근접 관찰, 혹은 그런 방법을 가리킨다. 그 때문에 '감시'라는 단어는 종종 부정적이고 위험하며 인권을 침해한다는 인상을 준다. 그러나 실상 감시는 부정적인 성격 못지않게 긍정적이고 생산적인 영향을 미치기도 한다. 일종의 시나리오 형식을 빌려 감시 시스템–혹은 AI 기술을 적용해 더욱 치밀해진 감시 시스템–의 빛과 그늘을 조명해 보는 것은 '감시'의 양면적 성격을 균형 잡힌 시각으로 바라보는 데 도움이 될 수 있다.

감시의 긍정적인 면

우리의 건강 데이터는 생명을 구할 수도 있다. 이를테면 애플워치 사용자는 현기증을 느끼거나 쓰러졌을 경우 자동으로 구급차를 부를 수 있고, 응급 구조 요원에게 전화해 위급 상황을 알릴 수도 있다. 하루 종일 업무를 해야 하거나 운전을 해야 하는 경우, 적절한 감시 시스템이 피로나 주의 분산의 징후를 인식함으로써 휴식을 권하거나, 심지어 강제해 사고나 인명 피해를 방지할 수 있다.

감시 카메라의 설치를 통해 범죄 예방 효과를 기대할 수 있고, 기대한 만큼의 예방 효과가 없더라도 범죄 사건이 벌어지는 경우 범인을 식별하거나 위치를 파악하는 데 도움을 줄 수 있다. AI의 힘을 빌린 얼굴 인식 기술을 도입하는 경우 그런 범죄자 식별은 더욱 큰 실효를 거둘 수 있다. AI 소프트웨어는 프라이버시 보호를 위해 해당 이미지를 보기만 할 뿐이다. 하지만 다른 시스템이나 기관과 공유할 수 있게 한다면 보안과 프라이버시 두 마리 토끼를 잡을 수도 있다.

코로나바이러스 대유행 동안 폐수 분석이 한 지역에서 감염자의 숫자를 예측하는 데 매우 효과적이라는 사실이 밝혀진 것처럼 다양한 감시 기술과 기제는 미처 예상치 못한 방식으로 우리의 삶을 향상할 수도 있다. 앞으로 비슷한 재난이 발생할 경우, 폐수에 대한 일반 감시는 대유행의 조기 경보와 전염병의 확산 양상을 모니터하는 데 활용될 수 있을 것이다. 그와 비슷하게, 가정에서 '스마트 변기'를 사용하는 경우 대소변을 분석함으로써 전염병 감염 여부는 물론 혈당 수준을 비롯한 여러 건강 정보를 얻을 수 있다. 도심 번화가의 바와 레스토랑은 감시 카메라를 이용한 익명 정보로 해당 장소가 얼마나 붐비는지, 고객의 연령과 성별 분포가 어느 정도인지까지 알려 줌으로써 그곳을 찾는 사람들이 불필요하게 밖에서 기다려야 하는 수고를 덜어 줄 수 있다. 또 친구들끼리 위치 정보를 공유하기로 약속한 경우 서로 어느 곳에 있는지 즉각 파악해 만날 수 있다. 꽃가루 알레르기가 있는 사람은 주변 지역의 꽃가루 오염도를 미리 경고받아 그런 장소를 피할 수 있다.

감시의 부정적인 면

우리가 행동하거나 말하거나 구매하는 모든 것은 누군가에 의해 기록된다. 이는 우리의 프라이버시가 점점 더 많은 부분에서 박탈되고 있다는 뜻이고, 그로부터 빠져나오기가 점점 더 어려워져 사실상 불가능해졌다는 뜻이다. 특히 코로나바이러스 대유행 기간을 거치면서 현금의 쓰임새는 눈에 띄게 줄었다. 거의 모든 거래는 온라인으로 이전되었고 물리적 형태의 현금 또한 디지털 결제 방식으로 전환되었다. 그로 인해 누군가에게 노출되지 않고 비밀리에 무엇인가를, 예를 들면 많은 나라에서 합법으로 용인되지만 부정적 인식이 강한 담배, 포르노물, 건강에 과히 좋지 않은 음식 등을 구매하기는 거의 불가능해졌다. 얼마 안 있어 우리는 우리의 흡연이나 식습관이 사회적으로 긍정적이거나 모범적인 것이 아니라는 지적과 더불어, 그런 습관을 줄이지 않으면 우리의 '사회적 신용(social credit)' 점수가 깎일 것이라는 경고를 받게 될 수도 있다. 중국 사회에서 이미 벌어지고 있는 현실이다.

사람들은 너 나 할 것 없이 스마트폰을 마치 신체의 일부인 것처럼 항상 휴대하고, 소셜 미디어를 이용하며 많은 시간을 보내며, 거리와 도심 곳곳에 설치된 감시 카메라에 노출된다. 그에 노출되지 않고 바깥을 돌아다니기가 점점 더 어려워질 만큼 감시 카메라는 골목마다, 사람이 모일 만한 곳마다 설치되고 있다. 카메라에 잡힌 이미지들은 AI 기술과 결합해 놀라울 만큼 빠른 속도로 처리되고 분석된다(AI 분석의 정확성은 아직 많은 논란을 빚고 있다). 구글이나 페이스북은 당신에 대해 당신 친구보다 더 자세히 파악하고 있으며, 당신의 통신사는 당신의 일거수일투족을 상세하게 추적한다. 집 안의 TV는 제조사에 우리가 무엇을 시청하는지 알려 주고, TV 앞에서 나누는 대화를 녹음해 전송하는 것은 물론 심지어 우리를 훔쳐볼 목적의 카메라까지 갖추고 있다. 일상적으로 사용하는 컴퓨터의 감시 기능과 잠재적 위험성은 그보다 더 심각하다. 바꿔 말하면, 우리는 어떤 면에서 프라이버시가 없다고 해도 과언이 아닌 수준에 이르렀다는 뜻이다.

감시, 특히 AI와 머신 러닝을 도입한 첨단 감시 시스템은 이미 우리 앞에 있다. 아니, 우리를 둘러싸고 있다. 이것이 우리에게 순기능으로 작용할지 역기능으로 작용할지는 많은 부분 우리의 집단적 합의와 요구에 달려 있다. 감시 기술의 많은 부분은 빅 테크를 비롯한 민간 기업에 의해 주도되지만, 우리가 힘을 모아 정부에 적절한 견제 장치와 안전 대책을 요구한다면, 디지털 감시는 부정적, 침입적 감시 수단이 아닌, 우리의 안전을 도모하고 삶의 질을 향상하는 수단으로 선용될 여지도 충분하다는 뜻이다.

참고문헌

Bauman, Z. & Lyon, D.(2013). *Liquid surveillance.* Polity.

Lyon, D.(2015). *Surveillance after Snowden.* Polity.

Stenkvist, S.(2023.5.5). New nordic research: Life in a Surveillance Culture. NordMedia Network. https://nordmedianetwork.org/latest/news/new-nordic-research-life-in-a-surveillance-culture/

Surveillance & Society. https://ojs.library.queensu.ca/index.php/surveillance-and-society/

02
AI 감시 기술과 인프라

AI 기술이 기존의 감시 기제와 결합해 초래할 것으로 우려되는 대표적인 부작용이나 위험 요소 중 하나가 개인의 프라이버시와 보안이다. 프라이버시는 더 넓게 '인권', 또는 '개인의 기본적 인권'이라고 불러도 될 것이다.

AI와 MBTI?

AI 기술을 접목한 사회적 감시

저명한 사회학자 지그문트 바우만은 감시가 지난 수십 년간 조용하고 꾸준하게 확장돼 왔으며, 사실은 현대 세계의 기본 특징 중 하나라고 지적한다. 현대 사회는 모든 것이 너무나 유동적이고 가변적이어서 액체와 같은 단계에 있다고 볼 수 있는데, 그 사회를 살아가는 시민, 노동자, 소비자, 여행자 들 또한 그처럼 유동하는 상태로 항상 감시되고, 관찰되고, 추적되고(tracked), 역추적되는(traced), 소위 '유동적 감시(liquid surveillance)' 상황에 놓여 있다는 것이다. 현대 사회의 감시 양상을 바우만의 표현을 빌려 유동적 감시라고 부르든, 혹은 다른 용어로 부르든 우리가 과거 그 어느 때보다도 더 철저하고 광범위하며 밀도 높은 감시망의 사회에 살고 있는 것은 분명하다.

여기에 인공지능 기술이라는 변수를 더한다면 어떻게 될까? 감시의 밀도와 범위와 강도는 사뭇 더 높아지지 않을까? 현대 디지털 사회에서 감시의 기본 재료는 데이터다. 공공장소나 건물 내부 곳곳에 설치된 감시 카메라가 24시간 작동하며 생성하는 비디오와 오디오 파일, 하루에도 수백 번씩 들여다보며 누르는 '좋아요' 버튼, 단문 메시지, 이모지, 소셜 미디어에 올리는 이미지와 비디오, 스마트폰을 휴대하고 돌아다니는 동안 끊임없이 송출되는 위치 정보 등 우리의 일상 행위 자체가 사실상 데이터 생산 과정이고, 현대의 디지털 감시는 그에 기반한다. 그런 특성으로 볼 때, 전례 없이 막대한 규모의 데이터를 요구하는 AI, 특히 생성형 AI(generative AI)의 폭발적 붐은 '현대 사회 = 감시 사회'라는 등식의 적실성을 더욱 확연하게 드러낸다.

일부에서는 '감시'나 '감시 사회'라는 용어 자체가 부정적 이미지를 지니고 있기 때문에 그런 용어의 사용을 자제할 필요가 있다고 주장한다. 실제로 감시 사회를 '데이터 사회', 혹은 '데이터 기반 사회'로 바꿔 부르면 그 인상이 사뭇 다르게 느껴지는 면이 있다. 그러나 그 데이터가 어디에 어떻게 사용되는지, 특히 막대한 양의 데이터를 보유하고 또 끊임없이 수집하는 빅 테크를 비롯한 대기업들이 각자의 수익을 극대화하기 위해 어떤 양상으로 데이터를 활용하는지 파고 들어가 보면 '데이터 기반 사회'라는 표현보다 '감시 사회', 혹은 '디지털 감시 사회'라는 표현이 현대 사회의 속성을 훨씬 더 명확하게 드러내 보인다는 점을 깨닫게 될 것이다.

AI 기술이 기존의 감시 기제와 결합해 초래할 것으로 우려되는 대표적인 부작용이나 위험 요소 중 하나가 개인의 프라이버시와 보안이다. 프라이버시는 더 넓게 '인권', 또는 '개인의 기본적 인권'이라고 불러도 될 것이다. 중국은 그런 우려가 가장 광범위하고 급속하게 현실화하는 사례로 보인다. 사무실과 학교는 물론 거리나 공원, 광장 같은 공공장소에도 감시 카메라를 빼곡히 설치하고 여기에 얼굴 인식 기술을 더해 언제라도 보행자나 광장에 모인 사람들의 신원을 판별할 수 있다. 그렇게 판별된 개인의 신상은 놀라울 만큼 상세하고 광범위해서, 그 사람의 가족 관계와 재무 상황은 물론 과거의 구매 기록, 전과 여부, 소셜 미디어 활동 상황, 정치적 성향 등을 모두 아우른다. 그를 통해 그 사람의 사회적 신용도를 점수로 매겨 관리한다.

또 다른 사례는 예측 치안 알고리듬(predictive policing algorithm)을 포용하는 미국의 경찰 부서들이다. 범죄가 어디에서 일어날지 예측한다는, 영화 〈마이너리티 리포트(Minority Report)〉를 연상시키는 개념은 언뜻 그럴듯하고 심지어 획기적이거나 혁신적으로 들리지만 실상은 부당하거나 위험한 결과를 초래할 수도 있다. 이런 알고리듬의 가장 심각한 문제는 인종 차별, 성차별 같은 사회적 편향을 반영할 수 있다는 점이다. 가령 미국의 경우 체포 기록만 놓고 보면 흑인이 상대적으로 더 높기 때

표 2-1. AI 감시를 구성하는 핵심 기술 요소와 위험성

얼굴 인식 기술	디지털 이미지나 비디오 프레임에 잡힌 사람들의 얼굴 특징을 분석하고 비교해 그의 신원을 식별하고 확인하는 기술. AI를 접목함으로써 공공장소에서 포착한 이미지를 실시간으로 인식하고 추적할 수 있다.	프라이버시 침해의 우려, 부정확한 식별에 따른 인권 침해, 피부색이나 인종에 따른 편향 분석과 인식의 위험 등.
예측 치안 알고리듬	역사적 데이터를 분석해 범죄 발생률이 높은 장소와 시간대를 예측하는 알고리듬. 범죄가 발생하기 전에 막는 것이 목표지만 역사적 데이터에 포함된 기존의 사회적 편향을 반영할 위험성도 높다.	인종 차별, 소수 그룹이나 여성에 대한 잠재적 차별. 특정 공동체나 그룹을 부당하게 표적으로 삼아 사회 문제를 야기할 수 있음.
데이터 병합	개인 정보, 금융 기록, 소셜 미디어 프로필과 활동 내역, 전과 기록 등 다양한 데이터 소스를 수집해 통합한다. 그로부터 종합적인 개인 프로필과 사회적 신용 점수를 산출할 수 있다.	심각한 프라이버시 침해, 개인 데이터의 오용, 사회적 차별의 빌미로 작용할 위험성.
사회적 신용 시스템	병합 데이터를 사용해 개인의 행동과 활동을 근거로 일정한 점수를 배정하는 시스템. 그렇게 산출된 점수는 여러 서비스와 은행 대출 승인 여부, 더 나아가 개인적 자유에 중대한 영향을 미칠 수 있다.	개인적 자유의 상실, 사회적 통제와 조작에 휘둘릴 위험성.

문에 자칫 흑인 그룹에 불리한 치안 예측 알고리듬이 나올 수 있다. 북미나 유럽의 민주주의 국가들의 치안 예측

알고리듬 도입은 대체로 논의 단계일 뿐 실제로 적용되지는 않았다. 그러나 전체주의 국가들에서 이런 시스템이 도입되는 것은 시간문제다(어쩌면 외부로 공개되지 않았을 뿐 이미 암암리에 활용하는 곳도 있을 것이다).

AI 감시를 구성하는 핵심 기술 요소들

AI가 얼굴 인식 기술, 예측 치안 알고리듬, 데이터 병합 및 분석, 사회적 신용 시스템 등 기존의 감시 기술 요소들과 결합해 어떻게 발전할 수 있는지, 혹은 이미 접목되어 실험 중이거나 부분적으로 시행되고 있는지 살펴보면, AI가 우리의 일상에 어떤 새로운 변화를 몰고 올지 짐작할 수 있다.

AI 감시를 가능케 하는 기술 인프라

AI 기술은 그 본질상 독자적으로 작동할 수 없다. 우선 학습에 필요한 데이터를 대량으로 요구하기 때문에 그것을 감당할 저장 매체가 필요하고, 데이터를 실시간으로 공급받기 위해서는 초고속 네트워크가 구축돼야 하며, 끊임없이 새로운 데이터를 생성할 수 있는 소스-혹은 소스들의 네트워크-가 필요하다. 여기에서 저장 매체, 초고속 네트워크, 데이터 소스나 소스들의 네트워크가 바로 AI의 인프라로 분류되는 요소들이며, AI 감시 체제를 구축하는 데 필수적인 기반 기술이다.

참고문헌

Flinders, M. & Smalley, I.(2024.6.3). What is AI infrastructure? IBM. https://www.ibm.com/think/topics/ai-infrastructure

Pykes, K.(2024.5.30). Understanding TPUs vs GPUs in AI: A comprehensive guide. DataCamp. https://www.datacamp.com/blog/tpu-vs-gpu-ai

Yang, Z.(2022.11.22). China just announced a new social credit law. Here's what it means. MIT Technology Review. https://www.technologyreview.com/2022/11/22/1063605/china-announced-a-new-social-credit-law-what-does-it-mean/

03
글로벌 AI 감시 동향

AI 기술은 전 세계적으로 빠르게 확산하고 있다. 진실과 허위의 경계를 모호하게 만드는 딥페이크 이미지나 비디오부터, 빼곡한 군중 속에서 실시간으로 얼굴을 인식하고 사회적 신용 점수를 매기는 일, 코딩에 문외한인 사람도 복잡한 고급 코드를 만들 수 있게 해 주는 프로그램, 멀티플레이어 포커에서 세계 정상급 선수들과 겨룰 수 있는 고급 알고리듬에 이르기까지 놀라운 발전이 계속 진행되고 있다.

AI와 난임 극복?

기업들은 AI 기술을 도입해 데이터 처리 및 분석 능력을 높이고, 도시 공무원들은 AI 알고리듬으로 교통 체증을 관리하고, 전력 회사는 스마트 에너지 계량기를 사용해 적절한 전력 분배와 에너지 비용 절감을 실현한다. 바람직한 일만 벌어지는 건 아니다. 다른 한편으로는 점점 더 많은 나라에서 감시 카메라와 AI 분석 툴을 조합해 시민들의 활동을 추적하고 감시한다. 기업들은 AI 기술을 적용한 정교한 직원 감시 툴로 활용한다. 컴퓨터 키보드에 어떤 내용을 입력하는지, 어떤 사이트들에 접속하는지 시시콜콜한 내용을 감시하고, 업무 효율성을 평가한다. 이런 깊고 광범위한 감시 시스템은 프라이버시 침해, 더 나아가 기본 인권을 침해할 위험성을 안고 있다.

글로벌 싱크 탱크인 카네기 국제평화재단은 2019년 전 세계 176개국의 AI 감시 사용에 대한 실증 데이터를 취합해 《AI 감시의 글로벌 확장》이라는 제목의 연구 보고서를 펴냈다. 스마트 도시, 얼굴 인식 시스템, 스마트 치안으로 감시 방식을 구분한 보고서는 AI 기술을 더한 새로운 감시 기능이, 개인 또는 시스템을 모니터링하고 추적하는 정부의 능력을 어떻게 향상하고 있는지에 주목하면서 다음 세 가지 질문을 던진다.

어떤 국가들이 AI 감시 기술을 채택하고 있는가?

정부는 어떤 유형의 AI 감시를 배치하고 있는가?

어떤 국가와 기업이 AI 감시 기술을 공급하고 있는가?

어떤 국가들이 AI 감시 기술을 채택하고 있는가?

연구 결과에 따르면 전 세계 176개국 중 최소 75개국이 감시 목적으로 AI 기술을 적극적으로 사용하고 있다. 이 중 스마트 도시 플랫폼을 실행하는 나라는 최소 56개국이며, 얼굴 인식 시스템을 적극 활용하고 있는 나라는 적어도 64개국이다. 한편 스마트 치안 기술을 도입 나라는 75개국 중 53개국이다.

정부는 어떤 유형의 AI 감시를 배치하고 있는가?

연구 보고서가 적시한 주요 AI 감시 도구는 '스마트 도시' 플랫폼, 얼굴 인식 시스템, 스마트 치안이며, 클라우드 컴퓨팅, 사물인터넷, 대용량 저장 시스템, 강력한 처리 속도의 컴퓨터와 고속 네트워크 등이 이를 지원한다.

스마트 도시

'스마트 도시'는 도시를 구성하는 빌딩, 도로, 차량 등에 설치되거나 내장된 수천, 수만 개의 기기와 센서 들이 긴밀하게 연결되어 실시간으로 데이터를 수집, 통합, 분석해 도시의 인프라와 서비스 시스템을 최적화함으로써 그 주민들에게 안전하고 쾌적하고 편리한 생활 환경을 제공하는, 한마디로 '기술 집약적인' 도시를 가리킨다. 스마트 도시는 성공적으로 구축될 경우, 데이터와 네트워크가 AI 기술로 실시간 분석되어 교통 체증을 해소하고, 범죄 예방 알고리듬으로 도시 치안을 개선하며, 응급 차량을 제때 필요한 위치로 안내하고, 불필요한 에너지 소비를 최소화하며, 행정 절차를 간소화하는 등 여러 긍정적 효과를 기대할 수 있다. 그러나 다른 한편으로는 거의 모든 데이터가 수집되고 통합되고 분석되는 과정에서 '감시 사회'에 대한 불안감, 프라이버시 침해의 우려가 커진다. 더하여 데이터의 규모와 민감도가 유독 더 높은 만큼 보안 사고에 따른 피해의 심각성도 그만큼 더 클 것이라는 두려움을 동반한다. 이는 스마트 도시 아이디어의 커다란 걸림돌로 작용한다.

얼굴 인식 시스템

스마트 도시와 감시 카메라는 불가분의 관계에 가깝다. 그리고 많은 나라와 도시 들은 감시 카메라에 AI 기술을 조합한 얼굴 인식 시스템을 활용한다. 이것은 카메라가 기록해 저장한 비디오나 정지 이미지를 기존 데이터베이스의 비디오/이미지와 대조해 개인의 신원을 식별하는 생체 인식 기술이다.

그러나 얼굴 인식 기술을 접목한 감시, 혹은 그런 기술을 갖춘 감시 카메라는 개인의 프라이버시와 인권을 침해할 위험성이 훨씬 더 높다. 공공장소에서 자신이 카메라에 찍힐 가능성이 있다고 인지한 경우라도, 대부분의 사람들은 그저 우연히 찍히는 데서 그치고 더 이상의 데이터 처리가 수행될 것으로는 예상하지 않는다. 공원이나 광장의 감시 카메라에 찍힌 자신의 얼굴이 데이터베이스에 추가되고 신원까지 식별될 것으로 예상하지도 않는다. 공공장소에서 일반인들이 갖게 마련인 소위 '프라이버시에 대한 타당한 기대'다. 지난해 유럽연합이 인공지능법(AI Act)을 통해 '공공장소에서의 실시간 원격 생체 인식 시스템'을 아예 개발하지 못하도록 금지한 것도 그러한 인권 침해의 우려 때문이다.

그러나 프라이버시 개념과 그에 대한 보호 대책이 명

확한 유럽 지역과 달리, 북미 지역은 규제 방안이 미흡한 상황이다. 특히 연방 차원의 프라이버시 법이나 생체 인식 기술 규제가 부재한 미국의 경우, 경찰과 이민단속국(ICE) 같은 법 집행 기관이 은밀히 AI 얼굴 인식 기술을 사용해 엉뚱한 사람을 범인으로 체포했다가 물의를 빚는 경우가 종종 벌어진다. 얼굴 인식 카메라로 기록한 이미지의 데이터베이스에 대한 접근과 사용을 명확히 제한하는 규제나 규칙이 없는 탓이다.

여러 학술 연구는 AI 얼굴 인식 프로그램을 사용하는 데 따른 위험성을 지적해 왔다. 100 개 이상의 얼굴 인식 알고리듬을 대상으로 실시한 2019년의 전국 연구에 따르면 이들은 백인 대상자의 얼굴에 비해 흑인과 아시아인의 얼굴을 10~100배 더 부정확하게 식별하는 것으로 나타났다. 피부가 어두울수록 더 많은 오류가 발생하며, 어두운 피부 여성의 이미지에서는 오류율이 거의 35%까지 높아진다. 조지타운대학교 로스쿨 산하 프라이버시와 기술 센터의 수석 부주임 연구원인 클레어 가비(Clare Garvie)는 감시 카메라에서 가져온 불분명한 사진처럼 열악한 화질의 이미지를 사용하는 것을 금지하고, 현재 사용 중인 시스템의 정확성과 편향성을 엄정하게 테스트해야 한다고 주장한다.

스마트 치안

스마트 치안은 스마트 도시, 얼굴 인식 기술의 개념과 긴밀히 연계된다. 감시 카메라의 비디오 데이터, 우범 지역의 위치, 과거 체포 이력, 관련 전과자들의 기록, 범죄 유형, 생체 인식 데이터, 소셜 미디어의 피드 등 광범위하고 방대한 데이터를 AI 알고리듬에 입력해 분석하면 범죄자 색출은 물론 심지어 미래의 범죄 활동까지 예측할 수 있다는 개념이다. 특히 앞으로 벌어질 범죄를 미리 전망한다는 '예측 치안'은 법 집행 기관들에서 높은 관심을 보이는 분야다.

그러나 이러한 성격의 알고리듬에 공급되는 과거의 범죄 데이터는 유색인종과 저소득층, 전과 경력이 있는 사람들에 편향된 경향이 있고, 역사적 · 문화적 · 사회적 편견이 반영된 내용일 공산이 크기 때문에 예측 치안 알고리듬 또한 편향성을 노출할 위험성이 높다. 다시 말하자면 중립적이고 과학적인 알고리듬에 기반한 범죄 예측이라기보다는 구조적으로 편향된 치안의 영구화에 가깝다는 뜻이다.

어떤 국가와 기업이 AI 감시 기술을 공급하고 있는가?

전 세계적으로 AI 감시 기술을 가장 주도적으로 공급하는 나라는 중국이다. 화웨이(Huawei), 하이크비전(Hikvision), 다화(Dahua), ZTE와 같은 기업들이 63개국에 AI 감시 기술을 공급하고 있는데, 화웨이 한 곳만도 최소 50개국에 AI 감시 기술을 제공할 만큼 이 부문에서 독보적이다. 연구 보고서는 또한 중국이 2013년부터 전개해 온 대규모 국제 인프라 개발 및 경제 협력 전략인 '일대일로 프로젝트(BRI, Belt and Road Initiative)'에 36개국이 서명했다고 밝혔다.

중국만 한 수준은 아니지만 미국 기업들도 세계 32개국에 AI 감시 기술을 수출하고 있다. 주요 기업은 아이비엠(IBM, 11개국), 팔란티어(Palantir, 9개국), 시스코(Cisco, 6개국) 등이다. 프랑스, 독일, 이스라엘, 일본 소재 기업들도 AI 감시 기술의 확산에 한몫하고 있다.

참고문헌

Feldstein, S.(2019.9.17). The global expansion of AI surveillance. Carnegie Endowment for International Peace. https://carnegieendowment.org/research/2019/09/the-global-expansion-of-ai-surveillance?lang=en

Garvie, C.(2019.5.16). Garbage in, garbage out: Face recognition on flawed data. Georgetown Law Center on Privacy & Technology.
https://www.law.georgetown.edu/privacy-technology-center/publications/garbage-in-garbage-out-face-recognition-on-flawed-data/

Grother, P., et al.(2019.12). Face recognition vendor test(FRVT) part 3: Demographic effects. National Institute of Standards and Technology(NIST).
https://nvlpubs.nist.gov/nistpubs/ir/2019/NIST.IR.8280.pdf

04
감시 기반 가격 및 임금 책정

감시 기반의 비용 책정. 언뜻 귀에 설게 들리는 이 개념은, AI 기술의 급속한 발전과 적용, 감시 카메라와 얼굴 인식 기술의 조합이 초래할 여러 위험 중 일반인의 피부에 가장 절실히 와닿을 수 있는 부작용이다. 간단히 설명하면 이것은 실제/잠재 고객의 프로필을 바탕으로 같은 제품이나 서비스에 대해 각기 다른 가격을 매기는 방식이다.

AI와 사주?

감시 기반 비용 책정

미국의 대표적 식료품점 체인인 크로거(Kroger)는 최근 6천만 명이 넘는 고객들의 데이터를 방대하게 수집해 비밀리에 각 고객의 은밀하고 정교한 쇼핑 프로필을 구축해 온 것으로 드러나 물의를 빚었다. 프로필에 근거한 '수입 지표'를 사용해 수입이 높은 고객들의 고급 브랜드 구매를 유도하고, 저수입 고객에 대해서는 상대적으로 할인 서비스를 덜 제공하는 식으로 이용했다는 것이다. 더욱이 본인의 동의도 없이 담배 회사, 금융 회사, 분석 및 마케팅 회사 등 50개 이상의 다른 기업들에 고객들의 데이터를 제공한 것으로 드러났다. 크로거의 공격적인 데이터 수집은 또한 정밀한 마케팅에 활용돼 '대체 수익'을 올린 것으로 밝혀졌는데, 그 규모는 회사 전체 순수입의 35%를 넘었다고 소비자 운동 단체인 '컨수머리포트(Consumer Reports)'는 밝혔다.

감시 기반의 비용 책정(surveillance pricing). 언뜻 귀에 설게 들리는 이 개념은, AI 기술의 급속한 발전과 적용, 감시 카메라와 얼굴 인식 기술의 조합이 초래할 여러 위험 중 일반인의 피부에 가장 절실히 와닿을 수 있는 부작용이다. 이것은 간단히 설명하면 실제/잠재 고객의 프로필을 바탕으로 같은 제품이나 서비스에 대해 각기 다른 가격을 매기는 방식이다. 이를테면 온라인 여행 서비스 회사가 같은 여행 패키지 상품에 대해, 애플 컴퓨터나 아이폰으로 접속한 사용자에게는 윈도 컴퓨터나 안드로이드 폰으로 접속한 사용자보다 더 비싼 가격을 물리는 식이다. 애플 제품을 쓰는 사람들의 소득 수준이 상대적으로 높다는 데이터 분석에 기반한 비용 책정이다. 이런 식의 차별적 비용 책정 관행에는 기업들이 수집한 데이터의 절대량과 품질, 거기에 정교한 AI 알고리듬이 가세하면서 개별 사용자에 대한 프로필이 구체적이고 상세하게 구축되었다. 이는 특정한 그룹이나 지역 차원이 아닌 개인 차원의 차별화된 가격 책정 수준으로 발전할 위험성이 다분하다.

2024년 7월 미국의 연방거래위원회(FTC)는 금융 서비스 기업인 마스터카드(Mastercard)와 JP모건 체이스(JPMorganChase), 전자 상거래 기업인 블룸리치(Bloomreach), 컨설팅 회사인 액센추어(Accenture)와 매킨지(McKinsey), 소프트웨어 기업인 태스크 소프트웨어(Task Software), 프로스(PROS), 레비오닉스(Revionics) 등 8개 회사에 감시 기반 가격 책정 관행에 대한 정보를 제공하라고 명령했다(이 중 레비오닉스는 AI 기술에 기반한 '가격 최적화 설루션'을 제공한다고 밝혔다). FTC가 법원의 소환장과 비슷한 효력을 지니는 정보 요구를 내놓은 이유는 AI와 머신 러닝 기술을 사용해 나이, 위치, 신용 점수, 브라우저 사용 내역 등 특정 범주의 사용자 데이터를 사용해 차별적 가격 책정에 이용한다는 소비자와 소비자 단체의 불만이 접수되었기 때문이었다.

FTC의 예비 조사에 따르면 기업들의 소비자 감시는 온라인 쇼핑에만 머무르지 않는다. 많은 기업은 오프라인 상점을 찾는 고객들을 실시간으로 감시, 추적할 수 있는 인프라 구축에 비용을 투자하고 있다. 예컨대 일부 가격표는 디지털로 표시돼 유효 기간이나 고객 수요에 맞춰 자동으로 바뀐다. 세계 최대 소매 체인인 월마트(Walmart)가 새롭게 도입한 디지털 가격표는 몇 분 안에 원격으로 업데이트될 수 있다고 밝힌다. 전자 상거래 플랫폼인 인스타카트(Instacart)의 경우 소위 AI 기술을 활용한 '스마트 카트' 서비스를 제공하는데, 이것은 실제 카트지만 상품 스캔 기능을 갖추고 있으며 개인 맞춤형 광고와 쿠폰 화면을 띄울 수 있다.

여러 감시 기반 가격 책정 설루션들은 FTC가 정보를 요구한 소프트웨어 기업들을 비롯해 식료품 체인, 의류 소매 체인, 미용 소매 체인, 편의점 체인, 빌딩 및 하드웨어 상점 등 소비자를 직접 상대하는 여러 비즈니스 분야에 걸쳐 사용되고 있다. 이들 설루션은 다양한 정밀도와 적용 수준을 보여 준다. 오프라인 상점들에는 비교적 일반화된 가격 책정 알고리듬을 적용하는 데 비해, 온라인 쇼핑의 경우 브라우저 사용 내역, 과거 구매 패턴, 고객의 '지불 의사' 수준 등을 기준으로 훨씬 더 세분화된 알고리듬을 사용하는 식이다.

감시 기반 가격 책정의 근거

또 다른 형태의 감시 기반 가격 책정은 실상 몇십 년 동안 적용돼 온 관행으로 우편번호, 인종, 특정 지역의 평균 수입 등을 근거로 차별적인 가격을 물린 경우다. 가장 대표적인 사례는 대학 입시 준비 및 컨설팅 서비스를 제공하는 교육 기업인 프린스턴 리뷰(The Princeton Review)로, 교육열이 유독 높은 아시아 출신자들에 대해 많게는 일천 달러 이상 더 비싼 가격에 서비스를 제공해 온 것으로 드러났다.

소비자 제품에 대한 가격 차별화만 이루어지고 있는 것이 아니다. 전례 없이 풍부하고 방대한 데이터, 그리고 이를 거의 실시간으로 분석해 최적의 해법을 제시하는 AI 알고리듬 때문에, 수많은 임시직이나 계약직 근로자들이 임금과 관련해 불이익을 받는 경우가 늘고 있다. 이런 감시 기반 임금 책정의 관행은 우버(Uber)나 리프트(Lyft) 같은 승차 공유 서비스로 대표되는 소위 '긱(gig) 경제'에서 더욱 두드러진다. 이들은 이미 짜인 알고리듬적 임금 책정 시스템을 이용해 승차 공유 서비스에 참여하는 각 근로자/운전자들의 상세하고 내밀한 데이터, 개별적 생활 환경, 특정 서비스 지역의 경쟁 수준 등을 근거로 각 운전자가 어느 정도의 임금까지 수용하고 업무를 지속할지 판단한다. 수집되는 데이터가 더욱 증가하고 세분화하며, 그를 분석하는 알고리듬이 더욱 정교화하면, 감시 기반의 임금 책정 행태는 각 경제 부문을 넘어 전자 상거래, 의료 서비스, 고객 서비스, 운송 및 배달 산업 등으로 빠르게 확장할 것으로 보인다.

감시 기반 가격/임금 책정의 가능한 몇 가지 시나리오

소비자의 브라우저 내역에 최근 부고를 찾아본 기록이 발견되자 장례식 참석을 위한 여행 가능성이 예측되어 항공권 요금이 더 높아진다.

온라인에서 기저귀를 검색하던 고객이 '이혼 변호사'를 검색하고 나면 기저귀 가격이 더 높아진다.

생리 주기 추적 앱에서 생리 중인 것으로 나타난 여성이 생리 용품을 구매하려 할 경우 가격이 더 높아진다.

근로자가 온라인 급여 담보 대출을 받았다는 데이터를 근거로 급여 액수를 줄인다.

근로자가 만성 질환을 앓고 있다는 데이터를 근거로 그의 재취업 확률이 더 낮다고 평가해 급여 수준을 낮춘다.

감시 기반의 가격/임금 책정은 다음 네 가지 변수에 근거한다. (1) 널리 확산된 데이터 수집 관행. 개인 정보, 인구 정보, 소비자 정보, 직장 내 직원 정보, 위치 정보, 수요와 공급의 역동적 관계를 보여 주는 데이터 등이 한데 모임으로써 매우 입체적이고 심층적인 통찰의 기반 구축. (2) 특정한 목적과 의도로 사전 정의된 AI 알고리듬의 데이터 처리 및 분석. (3) 그와 같은 분석과 해석을 바탕으로 자동화된 추론 제시. (4) AI 알고리듬이 생성한 추론을 바탕으로 기업은 제품 가격이나 직원 임금에 대한 의사 결정을 내리게 된다.

일부 전문가들은 감시 기반의 가격/임금 책정이 무조건 부정적인 것은 아니라고 반박하며, '감시'라는 용어 대신 '데이터'라는 좀 더 중립적인 표현을 쓰는 게 온당하다고 주장한다. 방대하게 수집된 데이터가 어떻게 가격이나 임금 책정에 사용되는지 적절히 견제되고 감시된다면 도리어 소비자나 직원의 형편을 고려한 '비용 최적화'가 가능해져 긍정적 효과를 기대할 수도 있다는 주장이다. 결국 문제는 그런 견제와 감시가 적절하고 효율적으로 이루어지도록 법적, 제도적 장치를 마련하는 데 있을 것이다.

참고문헌

Federal Trade Commission(2025.1.17). FTC surveillance pricing study indicates wide range of personal data used to set individualized consumer prices. https://www.ftc.gov/news-events/news/press-releases/2025/01/ftc-surveillance-pricing-study-indicates-wide-range-personal-data-used-set-individualized-consumer

Hepner, L.(2025.2.20). Prohibiting surveillance prices and wages. economicliberties.us. https://www.economicliberties.us/our-work/prohibiting-surveillance-prices-and-wages/

Rassool, C.(2025.5.21). Consumer reports investigation uncovers Kroger's widespread data collection of loyalty program members to create secret shopper profiles. Consumer Reports. https://www.consumerreports.org/media-room/press-releases/2025/05/consumer-reports-investigation-uncovers-krogers-widespread-data-collection-of-loyalty-program-members-to-create-secret-shopper-profiles/

Wright, W.(2024.9.3). AI 'surveillance pricing' could use data to make people pay more. Scientific American. https://www.scientificamerican.com/article/ai-surveillance-pricing-practices-under-federal-probe/

05
알고리듬 보스

감시는 조직 관리에서 뿌리 깊은 한 특성이다. 조직원이 주어진 역할을 제대로 수행하는지 확인하고, 얼마나 잘 수행하는지나 미흡한지를 평가하며, 어떤 부분을 보완하거나 수정해야 할지 파악하는 등의 '업무 관리'가 그 목적이다. 그런 관리의 평가 항목이 세분화하고 정교화하면서, 더욱이 AI 기술을 적용한 업무용 소프트웨어가 나오면서, 경영진은 더 광범위한 조직 관리의 일환으로 직원의 업무 역량과 성과, 행동 및 개인적 특성을 실시간으로 꼼꼼하게 모니터링하고, 기록하고, 추적하게 되었고, 이는 일종의 규범처럼 자리 잡았다.

AI와 아이돌?

감시는 조직 관리의 뿌리 깊은 한 특성이다. 조직원이 주어진 역할을 제대로 수행하는지 확인하고, 얼마나 잘 수행하는지나 미흡한지를 평가하며, 어떤 부분을 보완하거나 수정해야 할지 파악하는 등의 '업무 관리'가 그 목적이다. 그런 관리의 평가 항목이 세분화하고 정교화하면서, 더욱이 AI 기술을 적용한 업무용 소프트웨어가 나오면서, 경영진은 더 광범위한 조직 관리의 일환으로 직원의 업무 역량과 성과, 행동 및 개인적 특성을 실시간으로 꼼꼼하게 모니터링하고, 기록하고, 추적하게 되었고, 이는 일종의 규범처럼 자리 잡았다.

감시는 실상 직원이 고용되기 전부터 시작된다. 지원자들의 자격을 심사하고, 그 지원자들의 소셜 미디어 활동을 점검하며, AI 소프트웨어는 자유롭게 접근할 수 있는 온라인상의 다른 모든 데이터를 찾아내어 수집하고 분석하고 평가한다. 어떤 AI 소프트웨어나 알고리듬은 심지어 각 지원자가 채용되었을 경우 업무를 얼마나 잘 수행하며 어느 지위까지 승진할 수 있을지까지 예측할 수 있다고 주장한다.

이처럼 일상적인 직원 감시는 생산성 향상, 손실 방지 및 기업 보안, 직원의 안전과 복지 등을 목적으로 내세우며 실제로 상당 부분 정당화된다. 하지만 수집하고 분석하는 데이터의 종류와 밀도가 증가할수록 직원의 개인 정보 보호, 자율성 및 인권 보장의 차원에서 심각한 우려가 제기될 수 있다. 더욱이 네트워크의 연결성이 높아진 현재와 같은 기술 환경에서 다양한 디지털 감시 도구와 AI 알고리듬, 머신 러닝이 통합되면 수집된 데이터에 대한 분석과 평가는 더욱 세분화하고, 단순한 업무 역량 평가 수준을 넘어 직원의 사생활 간섭이나 침해의 수준까지 발전할 가능성이 높다.

특히 코로나바이러스 대유행 기간 동안 재택근무나 하이브리드 업무 환경이 일반화하면서 직원들에 대한 감시의 수단과 기법은 급속하게 더 다양해지고 정교해졌다. 다음 표는 직장에서 일반적으로 활용하는 감시 기술이지만 모든 유형을 포괄하고 있지는 않다. 또 같은 감시 수단을 적용했더라도 수집하고 분석하는 데이터의 종류와 내용을 기업 측에서 조정할 수 있기 때문에 기업이나 직종마다 감시의 밀도와 범위는 다를 수 있다.

직장에서 활용하는 감시 기술

인공지능 기술을 직장 환경에 적용하는 일은 개인 차원의 업무 관계뿐 아니라 전체 집단 차원의 역학 관계에도 큰 변화를 초래할 수 있다. AI는 생산성 향상과 조직 차

표 5-1. 직장에서 활용하는 감시 기술

기술	기능 및 역량	접근 가능한 정보
키보드 입력 기록	기기에 대한 모든 키보드 입력 내용을 기록.	키 입력, 사용자 이름, 웹사이트 주소, 암호, 업무 및 개인적 메시지, 문서, 행동 패턴.
마우스 활동	마우스 움직임, 클릭, 어딘가에 잠시 머무는(hover) 경향 등 추적.	마우스 좌표, 클릭, 스크롤, 호버 시간, 상호작용한 요소(예: 장치 상호작용과 관련한 데이터).
이미지, 비디오 캡처	웹캠부터 CCTV까지 다양한 기술. 동작 감지, 안면 인식, 시간/위치 메타데이터.	이미지, 비디오, 찍힌 시간, 위치(활성화된 경우), 부수적인 제3자 수집 포함.
인터넷 감시	인터넷 활동을 다양한 수준으로 모니터. 검색 내용, 방문 사이트의 IP 주소, 그리고 다른 통신 내용을 포함한 사용자의 웹사이트 활동 추적.	웹사이트 주소(URL), IP 주소, 검색 입력어, 메타데이터, 통신 내용.
이메일 감시 (콘텐츠와 메타데이터)	이메일 활동 모니터(잠재적으로 이메일 내용을 읽을 수도 있음).	이메일 주소, 제목, 보낸 시간, 메타데이터, 잠재적으로 이메일 콘텐츠와 통신 내용을 직접 가로챌 수도 있음.
파일 관리 감시	생산성 및 보안을 목적으로 생성, 수정, 삭제, 접근 등 파일 작업을 추적.	파일 이름, 경로, 작업 시간, 접근 기록, 파일 형식, 잠재적으로 파일의 콘텐츠도 볼 수 있음.
얼굴 인식 기술을 접목한 이미지 캡처	이미지/비디오의 분석을 통해 데이터베이스에 있는 얼굴 특징과 비교해 특정인을 식별하는 소프트웨어 사용.	얼굴 이미지, 그 이미지로부터 추출한 생체 데이터, 연관 데이터베이스 기록(일치 기록을 찾는 경우).

소셜 미디어 감시	다양한 소셜 미디어 플랫폼에서 개인의 활동을 추적하고 분석함. 포스팅, 댓글, 좋아요, 공유, 커넥션 등 포함.	공개된 소셜 미디어 콘텐츠, 소셜 미디어로 표현된 의견과 관심사, 접근 가능한 경우 개인적인 메시지도 볼 수 있음.
오디오 녹음	개인 기기나 감시 표적의 오디오 캡처. 잠재적으로 음성 프린트 식별 가능.	원시 오디오 파일, 시간 기록, 잠재적으로 위치 데이터, 오디오의 메타데이터.
통화 녹음	전화/인터넷 전화(VOIP) 통화 녹음. 잠재적으로 고객 서비스와 감시의 일환으로 녹음을 할 수 있음.	통화 오디오, 전화번호, 통화 시간, 통화 관련 메타데이터.
비디오 감시	광범위한 분야의 비디오 캡처(보안 카메라부터 거대 감시 네트워크까지). 동작 감지 및 얼굴 인식 기술 탑재 가능.	비디오 녹화, 타임스탬프, 위치 데이터, 비디오 메타데이터.
GPS, 지리 위치 기술	스마트폰의 GPS, 전용 추적기나 이동 전화 기지국/와이파이 신호 등을 이용한 개인/차량의 위치 추적으로 상세한 이동 내역 파악.	정확한 위치 데이터(위도/경도), 타임스탬프, 이동 패턴, 관심 장소(가정, 직장, 기타)의 식별.
전자태그(RFID) 기술, 키 카드 기술	무선 주파수 식별(RFID) 기술로 추적 및 접근 제어. 카드와 물체에 부착된 RFID 태그는 고유 식별 신호를 전송하며, 그 신호는 다양한 인식 범위의 판독기에 의해 감지됨.	카드/태그와 연계된 고유한 ID 숫자, 타임스탬프, RFID 판독기의 위치(접근 포인트), 잠재적으로 그와 연계된 개인 데이터.

착용형 기기	스마트워치, 피트니스 트래커, 기타 센서 등 넓은 범위의 기술로 의료 데이터를 수집하고, 위치를 추적하며, 활동 상황을 모니터. 일부 기기는 이미지와 오디오를 기록하거나 통신도 가능.	변동성이 높음. 심장 박동수, 걸음 수, 위치 데이터, 수면 패턴, 기기에 따라 이미지/오디오 기록은 물론 통신도 가능.
생체 인식 감시	개인의 신체에 고유한 특성을 활용해 신원 식별, 접근 제어, 의료/행동 모니터링. 약물 검사도 포함될 수 있음.	지문, 또는 장문 스캔, 얼굴 인식, 음성 인식, 잠재적으로 DNA 정보(약물 검사), 행동 생체 인식(걸음걸이, 타이핑 패턴 등).
직장 내 사물인터넷	운영 최적화, 자산 추적, 심지어 직원 행동 감시 등을 위해 센서, 스마트 기기, 연결된 장비 활용.	위치 데이터, 장비 사용 패턴, 기온 등 환경 데이터, 센서가 얼굴 인식 기술을 탑재한 경우라면 생체 인식 데이터도 수집 가능.
직장 내 메시지 감시	소프트웨어가 슬랙(Slack) 같은 기업용 메시징 플랫폼의 콘텐츠를 분석해 특정 키워드, 사용자의 감정 상태, 보안 위험, 심지어 규정 위반 사항까지 찾아냄.	문자와 첨부 파일을 포함한 메시지 콘텐츠, 통신 패턴(누가 누구와 대화하는지, 언제 메시지를 주고받는지 등), 감정 분석 결과.
AI 고용 알고리듬	채용 적합성이나 성공 가능성을 예측하기 위해 이력서, 소셜 미디어 프로필, 또는 평가에서 얻은 지원자의 데이터를 분석하는 AI 소프트웨어.	해당 AI 소프트웨어의 구체적 기능과 특성에 따라 다양함. 이력서 데이터, 소셜 미디어 콘텐츠, 소프트웨어 제조사의 알고리듬이 산출한 점수 결과, 분석 결과, 지원자의 인종, 나이, 성별 등을 추정할 수도 있음.

원에서 이점을 제공하지만 프라이버시와 노동법 차원에서 여러 과제를 동시에 던진다. 여러 나라의 관련 규제기관들은 둘 사이에서 균형을 잡기 위한 권고 사항을 내놓는 한편, AI 이용의 투명성과 직원들의 기본 인권을 존중할 수 있도록 직장 내 AI 사용에 대한 적절한 규제의 필요성을 강조한다.

프라이버시 보호와 AI 기술에 대한 규제에 가장 적극적인 기관 중 하나로 꼽히는 캐나다 퀘벡주의 정보위원회(CAI)는 2025년 3월 AI의 유용성과 직원들의 프라이버시 및 인권 간의 균형을 확보하기 위한 권고안을 발표했다. CAI가 내놓은 권고안은 대체로 누구나 공감할 수 있을 법한 내용이다.

> AI 사용에 관한 기업 내 정책을 개발해 시행해야 하며, 그 정책은 AI 기술의 용도와 범위를 상세히 명시해 직원들이 인지할 수 있게 해야 한다. 반드시 포함돼야 할 내용은 다음과 같다.
>
> 사용되는 시스템의 이름과 외부로부터 공급된 시스템인 경우 공급사의 이름.
>
> 해당 시스템의 사용 목적.
>
> AI 시스템에 쓰이는 그리고 그로부터 생성되는 개

인 정보.

직원을 비롯한 데이터 주체들에게 미칠 것으로 예상되는 영향과 적용 가능한 위험 감쇄 방안들.

어떻게 결과가 산출되는지(어떤 지표들이 선택되는지, 무엇이 주요 고려 요소와 매개 변수인지), 그 결과들이 의사 결정에 어떻게 사용될지에 대한 설명.

이 기술과 관련한 권리들의 행사 범위.

기업이 수행한 감사와 평가 내용.

하지만 실상은 계약상의 비밀 유지 조항 같은 제약 때문에 감사와 평가 내용 자체를 직원들에게 공개할 수는 없는 경우가 많을 것이므로, ISO(국제표준화기구), SOC2 Type 2 (서비스 조직 통제 보고서 2 유형 2), NIST(미국 국립표준기술연구소) 등과 같이 어떤 유형의 감사나 인증을 받았는지 확인해 주는 것으로 충분할 수 있다.

기업은 그 직원들에게 부분적으로 또는 완전히 자동화한 의사 결정 시스템을 사용한다는 계획을 가능한 한 신속히 고지해야 한다. 자동화된 의사 결정 시스템이 개발될 때까지 기다려서는 안 된다.

프라이버시 영향 평가와 그에 따른 추가 개선: 개인 정보의 수집, 사용, 공개, 보유 또는 파기와 연관된 AI 시스템을 개발하거나 실행하기 전에 프라이버시 영향 평가 작업을 수행하는 데 더해, AI의 기반이 되는 알고리듬의 영향 분석을 기존 PIA(프라이버시영향평가) 방법론에 추가해야 한다.

알고리듬 영향 분석 수행: 직원들의 기본 권리와 프라이버시에 대해 부분적으로 또는 완전히 자동화된 의사 결정을 내리는 AI 시스템의 영향을 평가하기 위한 알고리듬 영향 분석 작업을 수행해야 한다.

AI의 적절성, 필요성 및 영향 평가: 기업 측은 사내에 적용한 AI 시스템이 여전히 적절하고 필요하며 의도한 영향을 미치는지 정기적으로 평가하는 방안을 수립해야 한다. 그리고 외부에서 도입한 시스템인 경우 제작사의 협조와 공조를 요청할 필요가 있다.

결국 중요한 것은 추구하는 목표와 직원의 권리 보호 사이에서 균형을 보장하기 위해 (1) 직원에 대한 특정한 감시 기법이나 관행이 필요한지, (2) 그런 필요성에 적절히 부응하는 수준의 기법이나 관행을 채택했는지 검토하는 것이다.

참고문헌

Bouchard, A., et al.(2025.4.14). Artificial intelligence in the workplace: Legal framework and important considerations. Dentons Data. https://www.dentonsdata.com/artificial-intelligence-in-the-workplace-legal-framework-and-important-considerations

Meredith, C. & Tremblay, F.(2025.4.9). Quebec's privacy regulator puts spotlight on employee hiring practices. DLA Piper. https://www.dlapiper.com/en/insights/publications/2025/04/quebec-privacy-regulator-puts-spotlight-on-employee-hiring-practices

Molnar, A.(2025). Surveillance and algorithmic management at work: Capabilities, trends, and legal implications. The Office of the Information and Privacy Commissioner of Ontario. https://www.ipc.on.ca/en/resources/research-hub/surveillance-and-algorithmic-management-at-work

06
역감시

'역감시' 또는 '아래로부터의 감시'라는 말은, 언뜻 음험하게 들리지만 데이터를 수집하고, 추적하고, 분석하고, 식별하는 과정은 감시 카메라나 사물인터넷처럼 '위로부터의 감시'만으로 구성되지 않고, 그에 못지않게 개인의 디지털 기기 사용을 통한 데이터 제공, 혹은 '아래로부터의 감시'로 보완된다는 점에서 충분히 유효하다.

AI와 야구?

지브리 열풍

2025년 4월 온라인에 돌연 지브리 열풍이 불었다. 〈천공의 성 라퓨타(天空の城ラピュタ)〉, 〈센과 치히로의 행방불명(千と千尋の神隠し)〉, 〈원령공주(もののけ姫)〉, 〈바람계곡의 나우시카(風の谷のナウシカ)〉 같은 명작 애니메이션으로 유명한 지브리 스튜디오가 새로운 작품을 출시했기 때문이 아니었다. 오픈AI의 챗지피티 때문이었다. 챗지피티는 'GPT-4o'의 새로운 이미지 생성 기능을 홍보하면서 얼굴 사진이나 가족사진을 비롯해 어떤 이미지든 입력해 지브리풍으로 만들라고 주문하면 마치 지브리 스튜디오에서 만든 애니메이션의 캐릭터들처럼 동글동글하고 친근한 만화스러운 이미지로 척척 생성해 낸다고 자랑했다. 처음에는 AI를 통한 별난 이미지 생성 스타일 정도로 여겨졌으나 소셜 미디어의 유행으로 빠르게 확산했다. 유명 연예인, 소셜 미디어의 '인플루언서'는 물론 일반 사람들도 앞다퉈 가세했다. 지브리 작품들에 대한 인기와 인지도가 높은 한국은 특히 그 유행이 두드러져서, 지브리풍 온라인 프로필 사진들이 마치 버블건에서 비눗방울 나오듯 곳곳에 출현했다. 카카오톡의 프로필 사진들이 앞다퉈 지브리풍으로 바뀌었다. 자신의 얼굴을 지브리풍 이미지로 바꿔 달라는 사용자들

의 요구가 폭발하다 보니 오픈AI의 서버에도 부하가 걸렸고, 급기야 샘 올트먼(Sam Altman) 사장은 X에 "GPU(그래픽처리장치)가 녹아내릴 지경"이라며 이미지 생성을 자제해 달라는 요청문을 올리는 지경에까지 이르렀다.

이 갑작스러운 지브리 유행에 대한 비판적 시각은 대부분 지적 재산권 문제에 집중되었다. 지브리 스튜디오의 허락을 받지 않았으니 저작권 침해가 아니냐는 의문이었다. 하지만 많은 이들은 개인 차원에서 더 심각할 수도 있는 문제를 지나친 듯했다. 바로 프라이버시 침해와 감시의 문제였다. 자신의 얼굴 사진, 친구나 가족과 찍은 사진을 열심히 올리면서도 그게 사실은 본인과 주변 사람들의 개인 데이터를 제공하는 행위임을 미처 깨닫지 못한 듯했다. 자신과 친구들의 이미지가 생성형 AI의 기반인 거대 언어 모델(LLM, Large Language Model)의 학습 데이터로 사용될 것이라는 당연한 사실을 미처 고려하지 못한 듯했다.

내 얼굴 사진을 자발적으로 챗지피티에 올린 것이니 사실상 동의에 해당하며 따라서 프라이버시 침해가 아니라는 논리는 맞다. 하지만 조금 더 깊이 들어가 보면 실상은 조금 더 복잡할 수 있다. 그저 단순한 흥미와 호

기심에서 자신의 얼굴 사진을 올린 사람은 챗지피티가 그것을 지브리풍 이미지로 바꾸는 용도로만 사용하지 다른 목적에도 사용할 것이라는 생각은 미처 하지 못할 가능성이 높다는 뜻이다. 그러나 엄밀히 따져 보면, 챗지피티와 그 제작사인 오픈AI는 '귀하의 얼굴 이미지를 지브리풍 이미지로 바꾸는 목적에만 쓰고 다른 용도로는 사용하지 않겠습니다'라고 명시적으로 약속한 바가 없다. 그리고 그게 핵심이다. 내가 재미 삼아 올린 사진 이미지는 챗지피티의 학습 데이터로 활용될 수 있다는 뜻이다. 아마 거의 확실히 그럴 것이다.

지난 2~3년간 폭발적으로 증가한 AI 투자와 개발 경쟁은 빅 테크를 비롯한 여러 AI 개발사들을 '데이터를 먹는 하마'로 만들었다. 데이터가 많으면 많을수록 그 성능도 대체로 더 향상하는 거대 언어 모델을 기반으로 한 생성형 AI(generative AI)의 경우는 그런 요구의 절박성이 더 높다. 특정 분야나 목적에 따라 해당 분야의 데이터만을 수집하고 분석하고 전망하는 소위 '예측형 AI'와 달리 생성형 AI는 그 목적이 따로 규정되지 않은 범용 AI(GPAI)다. 따라서 데이터의 종류나 성격, 내용을 가리지 않고 무차별적으로 수집한다. 데이터는 많으면 많을수록 좋다. 가능하다면 하늘 아래 존재하는 모든 데이터를 끌어모아 AI 학습에 활용한다는 게 개발사들의 공통된 원칙이다. 그런 맥락에서 지브리 열풍은 챗지피티 입장에서는 더 많은 사람들이 자발적으로 자신과 주변 사람들의 개인 정보를 기꺼이 제공하도록 유혹한 더없이 효과적인 '대박 마케팅'이었던 셈이다.

뉴욕대 심리학 및 신경과학 명예교수이자 로버스트.AI(Robust.AI)의 창업자 겸 최고경영자(CEO)인 게리 마커스(Gary Marcus)는 "생성형 AI의 비즈니스 모델은 여러 소셜 미디어가 그런 것처럼 정교한 감시와 초정밀 타기팅 광고(hypertargeted ads)가 될 것"이라고 전망하면서 "오픈AI는 감시 회사가 될 수밖에 없을 것"이라고 단언한다. 오픈AI가 구글, 메타, X 등과 같이 '자연스럽게' 데이터를 끌어모을 수 있는 채널을 더욱 활성화하기 위해 소셜 미디어 네트워크를 띄울지 고민하는 데서 알 수 있듯이, 생성형 AI의 개발 경쟁에서 앞서가기 위해서는 더 많은 데이터 확보가 필수이기 때문이다. 또 다른 생성형 AI 개발사인 퍼플렉시티.AI(Perplexity.AI)의 CEO인 아라빈드 스리니바스(Aravind Srinivas)는 '에이전트형' 검색을 내세운 코멧(Comet) 브라우저의 출범을 발표하면서 사용자의 브라우징과 구매 패턴, 사이트 방문 내역 등을 추적해 초개인화된 프로필을 구축해 프리

미엄 광고 타기팅의 핵심 동력으로 삼는 것이 목적이라고 밝힌 바 있다.

이처럼 데이터 수집의 밀도와 강도가 높아지지만 많은 사람들은 별반 문제의식을 갖지 못하는 듯하다. 오픈AI의 '지브리 마케팅'에 대해서도 특별한 반발은 보이지 않았고, 프라이버시가 침해될 수 있다는 위기의식도 거의 없었다. 2010년 페이스북의 마크 저커버그(Mark Zuckerberg) 회장이 점점 더 많은 사람들이 온라인에서 더 많은 정보를 공유하는 것을 당연시한다며 "프라이버시는 더 이상 사회적 규범"이 아니라고 주장했을 때, 여론의 반발은 매우 거셌다. 지금 그가 같은 말을 한다면 그 반발의 수위는 그보다 훨씬 더 낮지 않을까?

역감시

이제 대부분의 사람들은 온라인의 디지털 환경에서 벌이는 활동 자체가 곧 자신의 개인 데이터를 공유하는 행위라는 점을 인식한다. 자신이 온라인에서 방문하는 소셜 미디어 사이트와 검색 서비스에 어떤 내용을 올렸는지, 자신이 언제 무슨 내용으로 대화하거나 소통했는지 카카오톡 메신저나 틱톡, 페이스북 같은 회사의 서버에 모두 기록되고, 저장되고, 추적될 수 있다는 사실을 인식

한다. 하지만 이를 '감시'로 느끼지는 않는다. 특히 언론의 자유가 비교적 보장된 민주주의 사회에서는 더욱 그런 것 같다. 스마트폰이 우리 신체의 일부, 혹은 연장(extension)처럼 돼 버린 지금, 점점 더 많은 사람들은 자신들이 제공하는 개인 정보를 비롯한 모든 데이터가 디지털 환경에서 활동하는 데 필요한 비용이라고 간주하는 듯하다. '역감시' 또는 '아래로부터의 감시'라는 말은, 언뜻 음험하게 들리지만 데이터를 수집하고, 추적하고, 분석하고 식별하는 과정이 감시 카메라나 사물인터넷처럼 '위로부터의 감시'만으로 구성되지 않고, 그에 못지않게 개인의 디지털 기기 사용을 통한 데이터 제공, 혹은 '아래로부터의 감시'로 보완된다는 점에서 충분히 유효하다. 다시 말하면, 현대 디지털 사회는 조지 오웰식의 외부적 감시와, 올더스 헉슬리식의 내부적 감시, 혹은 아래로부터의 감시로 구성되는 형태를 보인다.

여기에는 소셜 미디어 환경이 고착되면서 근본적인 사회적, 문화적 변화를 초래한 측면도 있다는 지적이 있다. 수많은 사람들이 어느새 소셜 미디어 사용을 당연시하며, 자신의 일상을 낱낱이 공개하고 이를 통해 주위 '친구들'로부터 주목받고 칭찬받는 관행에 길들어 버렸다는 것이다. 소셜 미디어에 자신을 노출하지 않고 다른 사람들의 일상을 둘러보지 않으면 자신만 배제되거나 정보에서 소외된 듯한 두려움(FOMO, Fear of Missing Out)을 느끼기에 이르렀다. 사회학자 지그문트 바우만은 캐나다의 감시 전문 사회학자인 데이비드 라이언(David Lyon)과 대담한 내용을 담은 《친애하는 빅브라더(Liquid Surveillance)》에서 이런 사실을 지목한다.

여기에서 '감시'는 반드시 부정적 의미만을 갖는 것은 아니다. 공중 보건의 경우처럼 그 용도와 목적이 뚜렷하게 공중의 안전과 이익을 위한 감시도 적지 않기 때문이다. 중요한 것은 수많은 주체들에 의해 수집되는 데이터가 어디에 어떤 식으로 사용되거나 공유되는지 개인 사용자는 알 권리가 있고, 수집 주체는 알려 줄 의무가 있다는 점이다. 개인의 세세한 일상이 수많은 데이터 포인트의 형태로 노출되지만 누가 그런 데이터 포인트를 어떻게 사용하는지 파악할 수 없는 경우가 많다면 분명히 문제다. 기존의 '개인정보보호법', 그리고 AI의 대중화에 부응한 '인공지능(규제)법'은 그런 문제를 해소하거나 완화해 줄 유력한 대책이 될 수 있다.

참고문헌

Bauman, Z. & Lyon, D.(2013). *Liquid Surveillance*. Polity.

Franzen, C.(2025.3.26.). 'Studio Ghibli' AI image trend overwhelms OpenAI's new GPT-4o feature, delaying free tier. VentureBeat. https://venturebeat.com/ai/studio-ghibli-ai-image-trend-overwhelms-openais-new-gpt-4o-feature-delaying-free-tier/

Johnson, B.(2010.1.11). Privacy no longer a social norm, says Facebook founder. The Guardian. https://www.theguardian.com/technology/2010/jan/11/facebook-privacy

Marcus, G.(2025.5.7). All your data belong to us. Marcus on AI (Substack). https://garymarcus.substack.com/p/all-your-data-belong-to-us

Thomsen, F. K.(2019.7). The concepts of surveillance and sousveillance-a critical analysis. PhilArchive. https://philarchive.org/archive/THOTCO-53

07
스마트 치안

경찰 업무 같은 법 집행 활동은 AI 기술의 도입과 시행에 가외의 신중을 기해야 할 분야로 꼽힌다. AI 기술의 얼굴 인식 오류는 엉뚱한 사람을 용의자로 식별할 수 있고, AI가 인종 차별과 사회적 편견이 지금보다 더 두드러지던 과거의 데이터를 근거로 생성한 용의자 프로필은 그런 편향을 고스란히 온존하고 확장할 위험이 있기 때문이다.

AI와 윤동주?

프로젝트 놀라

《워싱턴포스트(The Washington Post)》는 2025년 5월 21일 뉴올리언스 경찰이 지난 2년 동안 은밀하게 얼굴 인식 기술을 사용하여 시내를 스캔하며 용의자를 찾아왔다고 보도했다. 기사에 따르면 뉴올리언스 경찰은 범죄 현장 또는 그 부근의 감시 카메라로 촬영한 정지 이미지에서 미확인 범인을 식별하는 기술을 한 단계 더 발전시켜 200개 이상의 얼굴 인식 카메라로 구성된 사설 네트워크를 활용해 거리를 감시하고, 수배 용의자를 지속적으로 모니터링하며, 일치 가능성이 있는 사람들의 이름과 현재 위치를 앱을 통해 경찰관의 휴대폰으로 자동 전송해 왔다.

이는 미국의 주요 도시에서는 전례가 없는 감시 방식이었다. 이러한 수사는, 구체적인 용의자를 찾는 경우에 한하여 얼굴 인식 기술을 활용하고, 공공장소에서 불특정 다수의 사람들을 추적하는 식의 더 일반적인 '감시 툴'로는 결코 사용하지 못하도록 규정한 2022년 뉴올리언스 시의회의 조례를 위반한 것으로 해석할 수 있다. 뉴올리언스 경찰은 《워싱턴포스트》가 자료를 요청한 4월 이후 이 얼굴 인식 프로그램을 잠정 중단했다.

미국시민자유연맹(ACLU)은 이에 대해 "우리가 우려

해 오던 얼굴 인식 기술의 악몽이 현실화한 것"이라면서 "이런 수단이 소외된 그룹, 특히 이민자, 흑인, 운동가, 정부 정책 비판자 같은 사람들을 겨냥한 무기로 악용되어, 본인도 모르게 '프로젝트 놀라(Project NOLA)'의 감시 목록에 추가될 수 있다는 가능성을 무시할 수 없다"고 논평했다. '프로젝트 놀라'는 뉴올리언스에 기반을 둔 비영리 단체로 미국에서 가장 큰 사설 감시 카메라 네트워크를 운영하고 있다. 이 단체는 주민과 사업주에게 보조금을 지원해 고화질(HD) 감시 카메라를 제공하고, 이 카메라의 영상을 뉴올리언스 대학에 있는 중앙 범죄 모니터링 허브로 실시간 전송해 법 집행 기관에 제공하는 방식을 쓰고 있다.

프로젝트 놀라는 여러 면에서 상당한 논란을 빚고 있다. 무엇보다 공식 발표나 공론화 과정을 거치지 않은 채 2022년부터 일방적으로 얼굴 인식 기술을 테스트하기 시작해 인권 침해와 월권 논란을 불러일으켰다. 이 시스템은 체포 또는 조사가 필요한 개인을 감시 목록에 추가하고, 일치하는 사람이 탐지되면 앱을 통해 경찰에 자동 알림을 보낸다. 민간 소유의 카메라 네트워크가 경찰의 수사에 활용된다는 점에서 투명성과 책임성의 문제도 제기된다. 세금으로 운영되는 정부 시스템과 달리 프로젝트 놀라는 감사 기록, 접근 보고서, 이의 제기 절차 같은 적절한 감독 및 견제 장치가 부족하다. 더욱이 경찰이 얼굴 인식 기술을 사용했으면서도 그런 내용을 보고서에 명시하지 않아 피의자의 이의 제기 기회를 박탈하고 인권을 침해할 우려가 높다.

뉴올리언스 경찰국은 이번 논란을 계기로 얼굴 인식 시스템 사용을 잠정 중단하고 법적 검토를 진행하기로 했지만, 이런 사례는 실상 전국적으로 점점 더 일상화하는 관례에 가까워 보인다는 점에서 깊은 우려를 자아낸다. 미국의 경우 점점 더 많은 경찰이 얼굴 인식 소프트웨어에 AI 기술까지 접목해 감시 카메라에 잡힌 이미지 속 얼굴의 특징을 빠르게 분석하고, 이를 머그 숏, 운전면허증, 또는 소셜 미디어에서 수집한 대규모 이미지 데이터 속 얼굴과 비교해 일치된 인물을 찾는다. 그러면서도 경찰은 이런 수사 기법을 제대로 공개하지 않기 때문에 인권 침해의 소지가 더욱 높다. 경찰이나 법 집행 기관이 추가 증거나 보강 수사, 확인 절차 없이 AI의 얼굴 인식 결과에만 의존할 경우 무고한 사람이 용의자로 체포될 위험성이 높다. 2019년 뉴저지주 패터슨에 사는 흑인 남성 니지어 파크스(Nijeer Parks)가 얼굴 인식 소프트웨어의 오식별로 무고하게 체포되어 고초를 겪은 것도 그런 사례 중 하나다. 범행 당시 파크스는 범행 현장에서 50킬로미터나 떨어진 곳에 있었고, 알리바이를 입증할 증거도 있었지만 우드브리지 경찰은 그를 용의자로 지목한 얼굴 인식 소프트웨어만 믿고 그를 체포했다. 더욱이 경찰은 얼굴 인식 소프트웨어를 사용한 사실을 숨기고 적법한 수사를 진행한 것처럼 조서를 꾸몄다가 나중에 엉뚱한 사람을 체포한 것으로 밝혀진 다음에야 그런 사실을 인정했다.

사후 치안에서 예측 치안으로

AI 기술과 머신 러닝의 활용이 증가하면서 급속하게 떠오르는 개념 중 하나가 스마트 치안, 그중에서도 '예측 치안'이다. 말 그대로 언제 어디에서 범행이 일어날지 예측해 미리 방지한다는 개념이다. 톰 크루즈가 주연한 영화 〈마이너리티 리포트〉 같은 상황이 현실화할 수도 있다는 뜻이다. 모든 사람들에 대한 데이터가 빠르게, 그리고 방대한 규모로 축적되고, 안면 인식 기술과 AI의 정확도가 빠르게 향상하고 있기 때문에, 머지않은 시기에 더욱 본격적이고 체계적인 '예측 치안' 시스템이 구축될 가능성을 배제하기 어렵다.

영국은 예측 치안 개념을 적극 실험하는 나라 중 하나

다. 일간지 《가디언(The Guardian)》은 2025년 4월 8일, 영국 법무부가 잠재적 살인자를 식별하는 소위 '살인죄 예측(murder prediction)' 프로그램을 개발 중이라고 단독 보도했다. 영국의 비영리 인권 단체인 스테이트워치(Statewatch)가 확보해 제보한 문서에 따르면 연구자들이 수천 명의 데이터를 분석하는 알고리듬을 사용해 심각한 폭력 범죄를 저지를 위험성이 높은 사람들을 식별하려 시도하고 있다고 한다. 법무부는 이 계획이 "살인죄를 저지를 위험이 높은 범죄자의 특성을 검토해, 살인의 위험성을 미리 예측할 수 있는 대안적이고 혁신적인 데이터 과학 기술"이라면서, "이 프로젝트는 중범죄의 위험을 더 정확히 평가하고, 궁극적으로 더 나은 분석을 통해 대중을 보호하는 데 기여할 것"이라고 덧붙였다.

쟁점은 사용될 데이터의 내용이다. 관련 문서의 일부를 정보 공개 청구를 통해 취득한 스테이트워치에 따르면 광역 맨체스터 경찰국, 보호 관찰 서비스 등의 관련 데이터가 사용되며 이름, 생년월일, 성별, 인종, 전국 경찰 네트워크에 등록된 개인 식별 번호가 사용된다. 문제는 "자해에 대한 개인 정보와 가정 폭력 관련 세부 내용을 비롯해, 어떤 범죄로도 기소된 적이 없는 사람들의 데이터까지 프로젝트에 사용될 예정"이라는 점이다. 프로젝트 관련 문서에 따르면 사용될 데이터에는 “민감 개인 정보”, 즉 정신 건강, 중독, 자살 및 취약성, 자해, 그리고 장애와 관련된 데이터와 같이 “상당한 예측력을 가질 것으로 예상되는 건강 지표”가 포함돼 있다. 스테이트워치는 이처럼 선량한 사람들의 민감 정보까지 시스템에 입력하는 경우, 궁극적으로 소수 민족과 빈곤층에 불리한 편향적 경향을 띤 위험한 예측 모델로 이어질 위험성이 높다고 주장한다. 이 단체는 “살인 예측 시스템을 구축하려는 법무부의 시도는 소위 범죄 예측 시스템을 개발하겠다는 정부의 섬뜩하고 디스토피아적인 구상의 최근 사례”라면서, “거듭해서 여러 연구가 보여 주듯 범죄를 예측하는 알고리듬형 시스템은 입력되는 데이터의 한계와 편향 때문에 내재적 결함이 불가피하다. 더욱이 정신 건강, 중독, 장애와 같은 민감한 데이터를 사용하는 것은 심각한 프라이버시 침해일 뿐 아니라 유색인종과 저소득층 등 소외된 계층에 대한 편향을 더욱 악화하는 부작용을 초래할 것”이라고 비판했다.

음식의 레시피 찾기부터 논문이나 기사 요약, 상담원을 대신한 챗봇에 이르기까지, AI는 우리 일상의 곳곳에 스며들고 있다. 그러나 실제 현실에서 AI는 아직 수많은 단점과 오류를 노출하고 있다. 사안과 분야에 따라 AI 도입이나 적용에 신중해야 하는 이유다. 경찰 업무 같은 법 집행 활동은 그중에서도 AI 기술의 도입과 시행에 가외의 신중을 기해야 할 분야로 꼽힌다. AI 기술의 얼굴 인식 오류는 엉뚱한 사람을 용의자로 식별할 수 있고, AI가 인종 차별과 사회적 편견이 지금보다 더 두드러지던 과거의 데이터를 근거로 생성한 용의자 프로필은 그런 편향을 고스란히 온존하고 확장할 위험이 있기 때문이다.

그런가 하면 트룰리오(Truleo), 액슨(Axon) 같은 회사들은 거대 언어 모델을 사용해 경찰의 수사 보고서를 대신 써 주는 서비스를 홍보한다. 액슨의 경우, 경찰이 착용한 '보디캠 오디오'를 사용해 경찰관의 활동 보고서를 써 준다. 경찰관 본인은 몇 가지 세부 사항을 추가하라는 안내 정도만 해 주면 된다. 하지만 과연 AI는 다종다양한 경찰관의 활동과 각 상황에 고유한 맥락을 얼마나 잘 이해할까? 용의자가 아무런 흉기도 없고 저항하지도 않았는데, 경찰관이 "저항하지 마!", "총 버려!"라고 말했다면, AI는 그런 상황을 어떻게 정확하고 정직하게 묘사할 수 있을까? 냉소적 말투나 농담, 속어, 욕설, 지역 방언은? 영어가 아닌 다른 언어는? 그처럼 예기치 못한 실수나 오류가 재판에서 불리하게 작용할 것을 우려해 워싱턴의 검사들은 경찰에게 보고서를 쓸 때 AI를 이용하지 말라고 주문했다. 빅 테크 기업들의 치열한 경쟁 속에 AI 기술의 분석 능력과 정밀도가 하루가 다르게 높아지는 정황을 감안하면 이 같은 잠재적 위험과 인권 침해의 우려가 상당 부분 불식될 것으로 기대되지만, 그럼에도 적절한 법적 견제 장치와 사람의 판단이 계속해서 요구될 것이라는 점만은 분명해 보인다.

참고문헌

Dodd, V.(2025.4.8). UK creating 'murder prediction' tool to identify people most likely to kill. The Guardian. https://www.theguardian.com/uk-news/2025/apr/08/uk-creating-prediction-tool-to-identify-people-most-likely-to-kill

General, J. & Sarlin, J.(2021.4.29). A false facial recognition match sent this innocent Black man to jail. CNN. https://www.cnn.com/2021/04/29/tech/nijeer-parks-facial-recognition-police-arrest

Guariglia, M.(2024.12.31). AI and policing: 2024 in review. Electronic Frontier Foundation. https://www.eff.org/deeplinks/2024/12/ai-and-policing-2024-year-review

MacMillan, D. & Schaffer, A.(2025.5.19). Police secretly monitored New Orleans with facial recognition cameras. The Washington Post. https://www.washingtonpost.com/business/2025/05/19/live-facial-recognition-police-new-orleans/

Project N.O.L.A. National Crime Camera Program.(n.d.). About Us. https://www.projectnola.org/about.html

08
AI의 공중 보건 감시

AI와 머신 러닝 기술이 의약계에 적극 도입되는 것은 놀라운 일이 아니다. 하지만 어느 분야나 마찬가지로 부작용과 위험성이 도사리고 있고, 이를 적절히 견제하거나 해결하지 않으면 자칫 커다란 피해를 불러일으킬 수 있다.

AI와 한의학?

공중 보건 감시

AI와 머신 러닝 기술을 활용한 감시 면에서 부정적 여론이 비교적 적은 분야 중 하나는 의료 부문, 특히 공중 보건 분야일 것이다. 건강은 수입 수준, 교육 수준, 식습관, 환경적 요인, 공동체적 맥락 등 의료 시스템에만 한정되지 않고 여러 사회적 매개 변수들에 의해 영향을 받는다. AI 기술을 도입한 다층적 모델에 그와 같은 다양한 사회적 지표들을 입력한 여러 연구 중에서도 긍정적 잠재력이 높은 분야는 공중 보건의 한 갈래인 질병 감시다. AI 분석 기술을 탑재한 감시 시스템은 질병 발생률, 유행, 그리고 흡연, 음주, 식습관, 위생 습관, 예방 접종 여부 등을 아우르는 건강 행동을 모니터링한다. 이런 시스템은 대체로 정부의 관련 기관들에서 기금과 자원을 대지만, '구글 독감 트렌드'처럼 민간이 공중 보건 부문에서 뜻밖의 획기적 기여를 할 수도 있다.

구글이 2008년에 출시한 웹 서비스인 구글 독감 트렌드는 구글 검색에 입력된 데이터를 활용해 특정 지역의 독감 활동을 예측했다. 사람들이 독감 증상을 경험할 때 관련 용어를 검색할 가능성이 높다는 개념에 착안한 아이디어였다. 따라서 특정 독감 관련 검색어의 빈도를 분석하면 독감 유행의 초기 징후를 감지하고, 질병통제예

방센터(CDC)와 같은 공식 기관보다 더 빠르게 독감 활동을 예측할 수 있을 것이라는 기대를 받았다. 그러나 시간이 지나면서 과대 예측, 검색어의 비특이성, 알고리듬의 잦은 변화 등의 이유로 정확성이 떨어졌고, 결국 2015년 중단되었다.

그러나 구글 독감 트렌드는 그와 유사하거나 더 발전된 형태의 AI 기반 공중 보건 예측 프로젝트 및 서비스를 낳았다. 공중 보건을 위한 질병 감시 활동에 AI와 머신 러닝 기술이 적용된 몇 가지 사례를 들어 본다.

블루닷

블루닷(BlueDot, https://bluedot.global/)은 2013년 토론토대학교의 감염내과 전문의인 캄란 칸(Kamran Khan) 박사가 설립한 회사로 처음에는 공중 보건 분야에 집중했지만 현재는 의약, 생명 과학, 리스크 관리 등으로 분야를 넓히고 있다. 세계보건기구(WHO)보다 거의 일주일 먼저 코로나바이러스(COVID-19) 팬데믹을 예측한 회사 중 하나로 유명하다. 의학 전문가와 데이터 과학자로 구성된 팀이 전 세계 뉴스 보도, 항공권 판매 데이터, 동물 질병 발병 보고서 등 방대한 비정형 데이터를 AI와 머신 러닝 알고리듬으로 분석하고 여기에 전문가의 지식을 결합해 전염병 발생 및 확산 위험을 더 정확하게 예측한다.

헬스맵

헬스맵(HealthMap, http://www.healthmap.org/)은 2006년 미국의 보스턴 어린이병원(Boston Children's Hospital) 연구 팀이 개발한 프로젝트로, 전 세계의 질병 발생 정보를 실시간으로 수집, 정리, 시각화해 공중 보건 위협을 미리 탐지하는 데 중점을 둔 조직이다. 구글 독감 트렌드와 달리 검색어 빈도만을 활용하는 것이 아니라 뉴스, 소셜 미디어, 공식 보건 보고서 등 다양한 온라인 소스에서 데이터를 가져와 AI를 통해 분석하고 지리적 위치, 시간, 병원체별로 질병 발생을 모니터링한다.

프로메드메일

프로메드메일(ProMED-mail, https://promedmail.org/)은 신종 및 재출현 감염병과 독성 물질에 의한 질병 발생에 대한 정보를 전 세계적으로 신속하게 전파하는 것을 목표로 하는 인터넷 기반의 보고 시스템이다. 1994년 설립되었으며, 1999년부터는 국제감염병학회(ISID, International Society for Infectious Diseases)의 공식 프로그램으로 운영되고 있다. 프로메드메일의 핵심 기능은 전 세계에서 발생하는 감염병 유행의 조기 징후를 포착하고 알리는 것으로, AI 기반의 자동화된 데이터 수집 및 큐레이션 연구가 진행 중이긴 하지만, 현재는 인간 전문가의 질적 판단과 평가가 큰 비중을 차지한다. 전 세계 보건 전문가, 인터넷(정부 웹사이트 포함), 전통 매체 등에서 들어오는 특이한 건강 이벤트를 보고받아 전문가가 검토 후 게시한다.

데이터의 공중 보건 기여

소셜 미디어 및 검색 데이터를 재활용해 공중 보건에 기여하려는 움직임은 여전히 활발하다. 구글 독감 트렌드처럼 그런 데이터를 활용하되, 더 정교한 통계 모델을 적용하고, 병원 방문 기록이나 실제 독감 환자 수와 같은 보건 데이터를 더해 예측의 정확도를 높이려는 시도다. 단순히 검색의 빈도만 측정하는 것이 아니라 자연어 처리(NLP) 기법을 통해 검색어의 맥락을 이해하고, 머신러닝 기법으로 예측 성능을 높이는 데 초점을 맞춘다.

디지털화한 전자 건강 기록(EHR), 피트니스 트래커 같은 웨어러블 기기에서 수집되는 생체 데이터, 더 나아가 스마트 시티 프로젝트의 여러 센서에서 공급되는 방대한 의료 관련 빅 데이터를 통합하고 분석하는 플랫폼 구축도 AI 기술의 급속한 발전과 더불어 더욱 활발해지고 있다. 개인 건강 기록(PHR)을 비롯해 웨어러블 기기, 스마트 센서, 병원 데이터 등을 연계해 국민의 건강을 관리하는 시스템을 구축하는 싱가포르의 '스마트 네이션' 이니셔티브나 사물인터넷 센서와 모바일 앱, 도시 인프라에서 생성되는 데이터를 활용해 공중 보건 개선을 꾀하는 스페인 바르셀로나의 '스마트 시티' 프로젝트, 공중 보건 데이터와 도시 데이터를 연계해 질병의 지리적 분포, 환경 요인과 상관관계를 분석하는 한편 다양한 디지털 건강 앱을 연동해 국민의 건강을 개선한다는 영국 런던의 '스마트 시티' 이니셔티브 등이 그러한 사례다. 한국도 세종 스마트 시티, 부산 에코델타 스마트 시티 등이 의료와 연계된 스마트 시티 플랫폼 구축을 활발히 진행하고 있다.

이 외에도 다양한 AI 기반의 전염병 예측 모델, 질병 진단 지원 시스템, 백신 유통 및 접종 관리 시스템 등이 개발되고 있으며, 이러한 기술들은 공중 보건의 효율성을 높이고 미래 팬데믹에 대비하는 데 중요한 역할을 할 것으로 기대된다.

AI가 방대하고 복잡한 데이터 세트를 신속하게 분석

하고, 맞춤형 권장 사항을 도출하며, 의사 결정을 지원하고, 데이터, 텍스트 또는 이미지 처리를 포함하는 다양한 작업의 효율성을 향상할 수 있다는 데는 의문의 여지가 없다. AI와 머신 러닝 기술이 의약계에 적극 도입되는 것은 따라서 놀라운 일이 아니다. 하지만 어느 분야나 마찬가지로 부작용과 위험성이 도사리고 있고, 이를 적절히 견제하거나 해결하지 않으면 자칫 커다란 피해를 불러일으킬 수 있다.

잘못 관리되거나 실행될 경우, AI 기반 시스템은 치료에 심각한 위험과 병목 현상을 초래하는 것은 물론, 환자의 인종이나 성별에 따른 불평등을 더욱 심화하는 잠재적 부작용도 있다. 이런 부작용에는 인간의 존엄성, 자율성, 형평성과 같은 윤리적 문제뿐만 아니라 데이터 프라이버시 및 보안 문제도 포함된다. 또한 역사적 데이터를 적절한 조정 없이 그대로 적용할 경우 나타날 수 있는 알고리듬의 편향성과 차별적 결과 생성, 그에 따른 AI 시스템의 유효성과 신뢰성의 문제도 무시할 수 없다. 특정한 결과가 생성된 근거를 설명할 수 있는 설명 가능성과 투명성 보장과 같은 기술적 문제도 중대 변수라고 할 수 있다.

세계보건기구의 다음과 같은 성명은 의료 분야의 AI 기술이 가진 양면성과 과제를 잘 요약하고 있다. "AI는 이미 진단 및 임상 치료, 신약 개발, 질병 감시, 전염병 대응, 그리고 보건 시스템 관리에서 중요한 역할을 하고 있다. 미래의 헬스케어는 디지털이며, 우리는 이러한 혁신에 대한 보편적인 접근을 장려하고 이러한 혁신이 불평등의 또 다른 동인이 되는 것을 막기 위해 최선을 다해야 한다."

참고문헌

Brant, J.(2024.8.19). Improving public health with AI in smart cities. LinkedIn. https://www.linkedin.com/pulse/improving-public-health-ai-smart-cities-jess-brant-cj1dc/

Marzouk, S., et al.(2025.1.31). We need more robust post-Market surveillance for health care AI. Health Affairs. https://www.healthaffairs.org/content/forefront/we-need-more-robust-post-market-surveillance-health-care-ai

Tran, B.(2025.5.24). Top countries leading smart city development by numbers. patentpc.com. https://patentpc.com/blog/top-countries-leading-smart-city-development-by-numbers

World Health Organization(2025.5.27). Leading the future of global health with responsible artificial intelligence. https://cdn.who.int/media/docs/default-source/digital-health-documents/who_brochure_ai-vision_web.pdf?sfvrsn=70d41da7_3&download=true

09
AI 규제와 안전 대책

신기술은 빠르게 진화하거나 발전하는 반면, 그것을 적절히 제어하기 위한 법규 제정이나 정책 개발은 늘 한두 걸음 더디다. 그러나 법규나 정책이 단번에 완성품으로 나와야만 규제 효과가 나타나는 것은 아니다. 그 전에 여러 인권 단체나 연구 기관들이 윤리적이고 설명 가능하며 인권을 침해하지 않는 AI 기술 개발을 촉구할 수 있고, 무엇보다 개발 당사자들이 일정 기준과 원칙을 지키고 선을 넘지 않으려 애쓴다면 디스토피아적 감시 사회의 부정적 시나리오는 그저 시나리오에 그칠 수도 있다.

AI와 화장품?

AI 기술이 사회 전반에 걸쳐 혁신을 가져오고, 기업의 생산성을 높이는 데 기여하고 있다는 사실은 분명하지만, 그 이면에는 부작용과 잠재적 위험성이 도사리고 있는 것도 사실이다. 특히 AI와 머신 러닝 기술을 적용한 감시 활동은 인권과 개인 정보를 침해하고 민주적 가치를 훼손할 수 있다는 우려를 자아낸다. 유엔, 경제협력개발기구(OECD), 유럽연합 같은 국제기관과 단체들이 윤리적이고 책임감 있는 AI 개발 및 배포를 보장하기 위한 규제 노력을 기울이는 것은 그러한 우려를 반영한 결과다. 신기술은 빠르게 진화하거나 발전하는 반면, 그것을 적절히 제어하기 위한 법규 제정이나 정책 개발은 늘 한두 걸음 더디다. 그러나 법규나 정책이 단번에 완성품으로 나와야만 규제 효과가 나타나는 것은 아니다. 그 전에 여러 인권 단체나 연구 기관들이 윤리적이고 설명 가능하며 인권을 침해하지 않는 AI 기술 개발을 촉구할 수 있고, 무엇보다 개발 당사자들이 일정 기준과 원칙을 지키고 선을 넘지 않으려 애쓴다면 디스토피아적 감시 사회의 부정적 시나리오는 그저 시나리오에 그칠 수도 있다.

AI 규제의 핵심 원칙과 감시 활동

AI 규제는 AI 시스템의 위험을 관리하고 사회적 이점을 극대화하는 데 중점을 둔다. 이는 AI 기반 감시 활동에도 동일하게 적용된다. 주요 국제 원칙과 규제 프레임워크는 감시 활동과 밀접하게 관련된 여러 핵심 영역을 강조한다.

주요 규제 프레임워크와 감시 활동 규제

유럽연합의 인공지능법

2024년 제정된 유럽연합의 인공지능법(EU AI Act)은 인간 중심적이고 신뢰할 수 있는 AI를 지향하는 세계 최초의 AI 법률이다. 무엇보다 위험 기반 접근 방식을 취해 AI 시스템을 다양한 위험 수준으로 분류하고 '용납할 수 없는 위험'으로 평가 분류된 시스템은 개발할 수 없도록 금지한 점이 돋보인다.

용납할 수 없는 위험: 개인의 사회적 신용 점수를 매기는 시스템이나 사람의 심리나 행동을 조작해 해를 끼칠 수 있는 기만적 또는 착취적 기술을 사용하는 시스템, 공공장소에서 실시간 원격 생체 인식 식별 기술을 사용하는 시스템 등은 특정 예외를 제외하고는 일반적으로 개발이 금지된다.

고위험: 교육, 고용, 필수 공공 및 민간 서비스 접근, 법 집

행, 이민, 사법 행정 등 특정 영역에 배포되는 AI 시스템은 고위험으로 분류된다. 이는 예측 치안, 국경 관리 등 감시 활동에 사용될 수 있는 AI 시스템의 경우 엄격한 규제 준수 요구가 따른다는 의미다. 특히 생체 인식 분류 시스템이나 감정 인식 시스템도 제한된 위험으로 분류되어 투명성 의무가 부과된다. '고위험'으로 분류된 AI 시스템을 개발하는 경우 적절한 위험 평가 작업을 벌여서 예상되는 위험이나 부작용을 최소화할 수 있는 대책이나 방안을 마련해야 한다.

주요 규정 준수 요구 사항: 고위험 AI 시스템은 EU 시장에 출시되거나 서비스에 투입되기 전에 데이터 훈련 및 거버넌스, 기술 문서화, 기록 보관, 기술 견고성, 투명성, 인간 감독 및 사이버 보안에 대한 광범위한 요구 사항을 준수해야 한다. 이는 감시 시스템의 공정성, 정확성 및 개인 정보 보호를 보장하는 데 필수다.

강제 집행 및 벌칙: EU AI법은 금지된 AI 관행을 준수하지 않을 경우 전 세계 연간 매출의 최대 7%에 달하는 벌금을 부과한다. 이는 벌금이 가혹하기로 유명한 일반개인정보보호법(GDPR)보다도 높은 수준으로, AI 기반 감시 시스템의 불법적인 개발 및 배포에 대한 강력한 억제책이 될 것으로 기대된다.

한국의 AI 기본법

AI를 적절히 규제하기 위한 노력에서 한국은 선두주자라고 할 수 있다. 2025년 1월 공포되어 이듬해 1월부터 시행될 '인공지능 발전과 신뢰 기반 조성 등에 관한 기본법(AI 기본법)'은 이름이 시사하듯 AI의 건전한 발전과 신뢰 기반 조성을 목적으로 하며, 국민의 권익 보호와 삶의 질 향상, 국가 경쟁력 강화를 목표로 삼고 있다. 핵심 내용은 다음과 같다.

인공지능 용어의 법률적 정의: '고영향 인공지능', '생성형 인공지능', '인공지능 사업자' 등 주요 인공지능 관련 용어를 법적으로 정의했다. 고영향 인공지능은 사람의 생명, 신체 안전, 기본권에 중대한 영향을 미치는 AI 시스템을 의미하며, 의료 기기, 에너지/수도 공급, 교통 시설 운영, 채용, 대출 심사, 공공 서비스 자격 확인 및 의사 결정, 학생 평가 등 다양한 분야에 적용된다. 생성형 인공지능은 챗지피티, 클로드 등과 같이 입력 데이터를 기반으로 글, 소리, 그림, 영상 등을 생성하는 AI 시스템을 가리킨다.

인공지능 기술에 대한 의무

투명성 확보 의무: 고영향 인공지능 또는 생성형 인

공지능을 이용한 제품이나 서비스를 제공할 경우, 해당 사실을 소비자에게 사전에 고지해야 하며, AI가 생성한 결과물임을 표시해야 한다.

안전성 확보 의무: 인공지능 사업자는 학습에 사용된 누적 연산량이 대통령령으로 정하는 기준 이상인 인공지능 시스템의 안전성을 확보하기 위해 인공지능 수명 주기 전반에 걸친 위험 식별, 평가 및 완화 등의 조치를 이행해야 한다.

한국의 AI 기본법은 EU AI법과 여러 공통점도 보여주지만 후자가 규제 중심에 위험 기반 접근법을 취하는 데 반해, 산업 육성 및 진흥에 더 강조점을 두고 AI의 건전한 발전을 지원하는 '우선 허용, 사후 규제' 원칙을 강조한다는 점이 다르다.

캐나다: 인권 AI 영향 평가

온타리오 법률 위원회(LCO)와 온타리오 인권 위원회(OHRC)가 개발한 AI 인권 영향 평가(HRIA)는 특히 AI 기반 감시 활동과 관련된 인권 침해 위험을 식별하고 완화하는 목적에 유용하게 쓰일 수 있는 도구다. HRIA는 정부, 공공 기관 및 민간 부문 조직으로 하여금 AI 시스템의 인권 영향을 평가하고, 시스템의 편향 및 차별을 해결하기 위한 완화 전략을 식별하도록 도와준다. 이는 감시 시스템이 개인의 인권을 침해하지 않도록 사전에 위험을 평가하고 관리하는 데 필수다.

국제 협력 및 정책 조율

G7 히로시마 AI 프로세스와 유럽 평의회의 AI 협약과 같은 국제적인 노력은 AI 시스템, 특히 감시 기술이 제기하는 안전 및 보안 위험에 대한 공통된 우려를 반영한다. 이러한 이니셔티브는 법적 구속력은 없지만 책임 있는 AI 개발 및 사용을 위한 국제 표준과 모범 사례를 형성하는 데 중요한 역할을 한다. 특히 유럽 평의회의 AI 협약은 AI 시스템을 사용할 때 인권, 법치주의 및 민주주의 기준의 준수를 보장하도록 명시한 조약으로 국제적으로 법적 구속력을 갖는다. AI 협약은 앞으로 AI 기술을 도입한 감시 활동에 대해 강력한 인권 기반 프레임워크를 제공할 것으로 기대된다.

참고문헌

과학기술정보통신부(2025. 1. 21. 제정). 「인공지능 발전과 신뢰 기반 조성 등에 관한 기본법(약칭: 인공지능기본법)」.

국가법령정보센터.
심소연(2024.4.16). 규제중심의 유럽연합 인공지능법(EU AI Act). 국회도서관 국가전략정보포털. https://nsp.nanet.go.kr/plan/subject/detail.do?nationalPlanControlNo=PLAN0000044995
주 오이시디 대표부(2023.11.6). 생성형 인공지능에 관한 G7 히로시마 프로세스. https://overseas.mofa.go.kr/oecd-ko/brd/m_20806/view.do?seq=461
Council of Europe(2025). The framework convention on artificial intelligence. https://www.coe.int/en/web/artificial-intelligence/the-framework-convention-on-artificial-intelligence
European Union(n.d.). EU Artificial Intelligence Act. https://artificialintelligenceact.eu/
Law Commission of Ontario(2024). Human rights AI impact assessment. https://www.lco-cdo.org/en/our-current-projects/ai-adm-and-the-justice-system/human-rights-ai-impact-assessment/
OECD AI Policy Observatory(n.d.). Policies, data and analysis for trustworthy artificial intelligence. https://oecd.ai/en/
OECD AI Policy Observatory(2019.6.9). G20 AI Principles. https://oecd.ai/en/wonk/documents/g20-ai-principles

10
AI 감시 사회를 살아가기 위한 생활의 지혜

'감시의 일상'을 벗어날 수 없는 현대 디지털 사회에서 개인의 프라이버시, 자율성, 존엄성, 기본 인권을 지키기 위한 실용적인 방안을 의식적으로 찾아보고 실천하는 일은 매우 중요하다. 그저 단순하게 '소셜 미디어를 다 없애 버려야 한다'거나 '스마트폰 사용을 금지해야 한다'는 식의 비현실적인 주장 대신, 숨 가쁘게 진화하는 현재의 기술 환경을 이해하려 애쓰고 이를 현명하게 활용하며 능동적으로 대처하는 자세가 필요하다.

종교와 AI?

감시의 일상

'위로부터의 감시'는 곳곳에 거미줄처럼 설치된 감시 카메라에 AI와 머신 러닝 기술이 적용된 얼굴 인식 기술이 더해져 점점 더 완벽해지고 있다. 거기에 한시도 손에서 놓지 못하고 틈틈이 들여다보는 '걸어 다니는 셀프 감시 기기' 스마트폰과, 하루라도 안 보거나 내 일상사를 셀카와 비디오로 포스팅하지 않으면 왠지 조바심과 불안감을 안겨 주는 소셜 미디어를 통해 끊임없이 나와 내 주변의 데이터를 공급하는 '아래로부터의 감시'가 더해진 현대의 디지털 생활은 일상이 곧 데이터의 흐름으로 점철되는 감시의 일상인 것 같다. 이와 같은 현실을 한순간에 내던지고 '자연으로 돌아가자'고, 아날로그 방식에 기반한 제한적 통신의 세계로 회귀하자고 주장하는 것은 비현실적이고 허황하다. 그처럼 도저한 안팎의 감시망 안에서, 다양한 감시 수단을 적절히 활용하고 선택적으로 감시 활동에 참여하면서도, 나의 개인 프라이버시 권리와 자율성, 존엄성, 기본 인권을 지키고 유지할 수 있는 실용적 방안이나 생활의 지혜는 없을까?

현대 디지털 사회에서 '감시의 일상'을 벗어날 수 없다고 인식할수록, 그 안에서 개인의 프라이버시, 자율성, 존엄성, 기본 인권을 지키기 위한 실용적인 방안을 의식적으로 찾아보고 실천하는 일은 더더욱 중요하다. 그저 단순하게 '소셜 미디어를 다 없애 버려야 한다'거나 '스마트폰 사용을 금지해야 한다'는 식의 비현실적인 주장 대신, 숨 가쁘게 진화하는 현재의 기술 환경을 이해하려 애쓰고 이를 현명하게 활용하며 능동적으로 대처하는 자세가 필요하다. 곳곳에서 활용되는 AI 기술에 대해서도, 이를 마냥 부정적인 현상으로 보기보다는, 방대한 정보와 엉망으로 뒤섞인 데이터를 재빨리 분석해 그 핵심과 주제를 파악하는 데 도움을 주는 일종의 비서로 적절히 활용하는 방안을 고민해 보는 편이 더 생산적이고 바람직할 것이다.

데이터 주권에 대한 인식을 갖고 신중히 관리하자

데이터의 가치 인식

나의 데이터가 곧 나의 자산이라는 인식을 가지고, 기업들이 나의 데이터를 통해 이윤을 창출하고 있음을 이해할 필요가 있다. 내가 어떤 데이터를 생성하고 있는지, 그리고 그 데이터가 어떻게 활용될 수 있는지 틈틈이 고민해 보는 것이 그런 주권 의식을 가질 수 있는 첫걸음일 것이다.

개인 정보 설정 적극 활용

스마트폰 앱, 웹사이트, 소셜 미디어 플랫폼 등에서 제공하는 개인 정보 보호 설정을 꼼꼼히 확인하고, 나의 정보가 어디까지 공개되고 활용될 것인지 직접 설정해야 한다. 기본 설정은 대개 데이터 공유를 극대화하는 쪽으로 설정돼 있는 경우가 많으므로, 반드시 수동으로 변경해야 한다. 스마트폰에 새 앱을 설치할 때 위치 정보, 캘린더, 연락처, 카메라, 마이크 등 어떤 기능이나 소스에 대한 접근을 허용하거나 금지할지 묻는다. 가령 이메일 앱인 경우 그것을 쓰기 위해 내 지리적 위치나 카메라, 마이크 기능에 접근하도록 허용할 필요는 없다.

'잊힐 권리' 및 '데이터 삭제 요청' 활용

더 이상 필요 없거나 원치 않는 데이터에 대해서는 플랫폼에 삭제를 요청하거나, '잊힐 권리'를 적극적으로 행사할 수 있는지 알아볼 필요가 있다. 한국의 개인정보보호법은 유럽연합의 일반개인정보보호법(GDPR)과 동등한 수준임을 인정받고 있고, '개인 정보의 정정 및 삭제(제36조)' 조항은 그런 권리에 상응한다고 볼 수 있다.

데이터 접근 권한 최소화

이것은 위에 언급한 '개인 정보 설정 적극 활용' 조언과 맥을 같이하는 부분이다. 새로운 앱을 설치할 때 거치게 돼 있는 접근 권한 설정(위치, 사진, 마이크 등)을 신중하게 검토하고, 꼭 필요한 권한만 허용해야 한다. 허용하지 않은 권한이 나중에 필요해지는 경우 설정에서 바꾸면 되므로 일단은 앱의 데이터 접근 범위를 최소화하는 것이 현명하다. 필요하다고 판단해 허용한 권한이 불편하거나 지나치다고 느껴지는 경우, 사용한 뒤에 다시 해제하는 습관을 들이는 게 좋다.

프라이버시 강화 기술(PET)로 나의 데이터를 보호하자

강력한 비밀번호 및 2단계 인증 설정

모든 온라인 계정에 강력하고 고유한 비밀번호를 사용하고, 가능한 모든 서비스에 2단계 인증(2FA)을 설정하여 보안을 강화하는 게 바람직하다. 비밀번호 대신 비밀 문장이나 비밀 표현을 입력한다고 생각하면 남들이 추측하기 더 어려운 비밀번호를 만들 수 있다. 가령 '내 혈액형은 RH-'(My blood type is RH-)라는 말을 생각했다면 'mYb100Dtype! 5RH-'나 그와 비슷한 형태로 숫자와 특수 문자를 섞어 비밀번호를 짜는 식이다.

VPN 사용

공항이나 카페의 공용 와이파이를 사용하는 경우 VPN(가상 사설망)을 사용해 인터넷 트래픽을 암호화하고 IP 주소를 숨김으로써 개인 정보 노출 위험을 줄일 수 있다. '설마 괜찮겠지' 하는 안이한 생각으로 위험하게 공용 와이파이를 쓰는 대신, 내 스마트폰의 핫스팟(Hotspot) 기능을 활성화해 휴대전화의 모바일 데이터로 랩탑이나 태블릿을 인터넷과 연결해 사용하는 것이 훨씬 더 현명하고 안전하다.

프라이버시 중심 브라우저 및 검색 엔진 사용

크롬(Chrome), 에지(Edge) 등 주류 브라우저 대신 파이어폭스(Firefox), 브레이브(Brave)와 같이 프라이버시 보호에 중점을 둔 브라우저를 사용하거나, 덕덕고(DuckDuckGo)와 같이 사용자 추적을 하지 않는 검색 엔진을 사용하는 것을 고려해 볼 수 있다. 처음에는 익숙하지 않아 불편하다고 느낄 수도 있지만 조금만 참고 사용하다 보면 곧 익숙해질 것이다.

광고 추적 차단 기능 활용

웹 브라우저의 확장 기능이나 설정에서 광고 추적 기능을 차단해 나의 온라인 활동이 기업에 의해 추적당하는 것을 최소화할 수 있다. 프라이버시 배저(Privacy Badger), 고스터리(Ghostery), 애드블락 플러스(Adblock Plus) 등이 널리 사용되는 확장 앱이다.

암호화된 통신 수단 사용

메시지 앱을 사용할 때는 종단 간 암호화(end-to-end encryption)를 지원하는 시그널(Signal)이나 텔레그램(Telegram)과 같은 서비스를 활용해 통신 내용을 보호할 수 있다. 카카오톡에서는 비밀 채팅에 종단 간 암호화 기술이 사용된다고 돼 있다.

미디어 문해력과 비판적 사고를 기르자

정보의 출처 확인 및 교차 검증

소셜 미디어를 통해 접하는 정보의 진위를 파악하고, 출처를 확인하며 여러 경로를 통해 교차 검증하는 습관을 들여야 한다. '스마트(SMART)' 접근법은 가짜 뉴스나 허위 정보를 파악하는 데 유용하다. 출처(Source)가 어디인가? 그런 정보나 주장을 펴는 동기(Motive)는 무엇인가? 누가, 어떤 기관이나 매체가(Authority) 이 글을 썼는가? 글이나 주장의 내용은(Review) 논리적이고 타당한가를 검토하고, 마지막으로 다른 출처를 점검해(Two-source test) 그 내용의 진위를 확인한다.

알고리듬의 영향력 이해

소셜 미디어나 뉴스 피드가 알고리듬에 의해 개인의 취향과 관심사, 정치적 성향에 맞춤화되어 제공된다는 사실을 인지하고, 이것이 정보의 편향성을 가져올 수 있음을 인식해야 한다. 의도적으로 다양한 관점의 정보를 찾아보는 노력이 필요하다.

디지털 디톡스를 시도하고, 오프라인 활동으로 균형을 잡자

정기적인 디지털 디톡스

의식적으로 스마트폰과 소셜 미디어로부터 잠시 벗어나 디지털 디톡스(detox) 시간을 가지는 것은 정신 건강뿐만 아니라, 나의 디지털 의존도를 점검하고 통제력을 회복하는 데 도움이 될 것이다. 처음부터 거창하게 목표를

잡지 말고 조금씩, 이를테면 하루 한 시간의 오프라인 시간을 갖는 것으로 시작해 조금씩 늘리고, 디톡스의 방식도 다양화해 가는 것이 현명하다.

오프라인 활동의 중요성 인식

친구, 가족과의 오프라인 만남, 취미 활동, 자연과의 교감 등 오프라인 활동의 중요성을 인식하고 삶의 균형을 유지하는 것이 중요하다.

빅 테크의 압도적 영향력, 디지털 환경의 일상화 속에서 개인의 프라이버시와 자율성, 존엄성을 지키고 유지하기란 쉽지 않다. 어쩌면 시시포스의 헛된 노력에 그칠지도 모른다. 그러나 조금 더 의식적으로 나의 디지털 환경을 돌아보고 자신의 행동을 반성하면서 조금씩 고치고 개선한다면 분명 빛이 보일 것이다. 중요한 것은 단순히 기술을 거부하는 것이 아니라, 기술을 이해하고 통제하려 애쓰면서 내 삶의 주도권을 유지하는 것이다.

참고문헌

개인정보보호위원회. https://www.pipc.go.kr/np/

Nield, D.(2023.7.16). How to use generative AI tools while still protecting your privacy. WIRED. https://www.wired.com/story/how-to-use-ai-tools-prot

ect-privacy/

Solove, D.(2025). *On Privacy and Technology*. Oxford University Press.

University Libraries. University of Washington(n.d.). Ask yourself: Is this source SMART?. https://guides.lib.uw.edu/research/evaluate/smart

Zuboff, S.(2019). *The Age of Surveillance Capitalism*. Public Affairs.

김상현

캐나다에서 IT, 보건, 국방, 위성 관련 제품과 서비스를 제공하는 캘리언 그룹(Calian Group)의 프라이버시 디렉터로 일하고 있다. 토론토대학교와 요크대학교에서 개인 정보 보호와 프라이버시 법규, 사이버 보안을 공부했다. 캐나다 온타리오주 정부와 앨버타주 정부, 브리티시컬럼비아(BC)주의 의료 서비스 기관 FNHA, 밴쿠버 아일랜드의 수도권청(Capital Regional District) 등을 거쳐 지금은 캘리언 그룹(Calian Group)의 프라이버시 관리자로 일하고 있다. 저서로 《디지털의 흔적을 찾아서》(방송통신위원회, 2020), 《유럽연합의 개인정보보호법, GDPR》(커뮤니케이션북스, 2018), 《디지털 프라이버시》(커뮤니케이션북스, 2018), 《인터넷의 거품을 걷어라》(미래M&B, 2000)가 있고, 번역서로는 《통계의 함정》(2024) 《해커의 심리》(2024), 《어둠 속의 추적자들》(2023), 《공익을 위한 데이터》(2023), 《인류의 종말은 사이버로부터 온다》(2022), 《프라이버시 중심 디자인은 어떻게 하는가》(2021), 《마크 저커버그의 배신》(2020), 《에브리데이 크립토그래피 2/e》(2019), 《보이지 않게, 아무도 몰래, 흔적도 없이》(2017), 《보안의 미학》(2015), 《똑똑한 정보 밥상》(2012), 《불편한 인터넷》(2012), 《디지털 휴머니즘》(2011) 등이 있다.